Libro para colorear
Granero rojo y animales de granja

Coloring Pages for Kids

Coloring Pages for Kids
An imprint of Ciparum LLC

Libro para colorear granero rojo y animales de granja
© 2017 Ciparum LLC
All rights reserved.
ISBN-10:1-63589-381-X
ISBN-13:978-1-63589-381-6

Coloring Pages for Kids

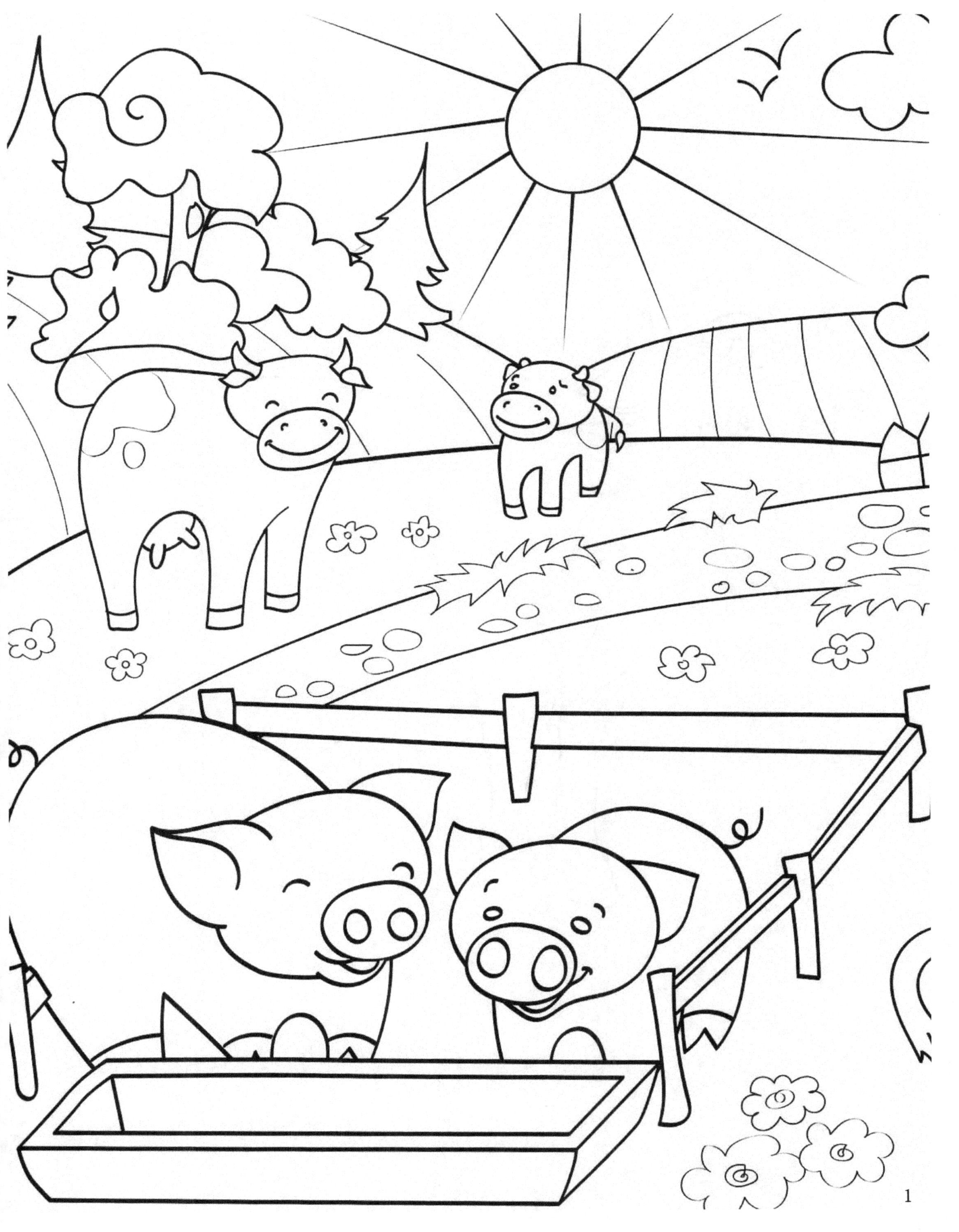

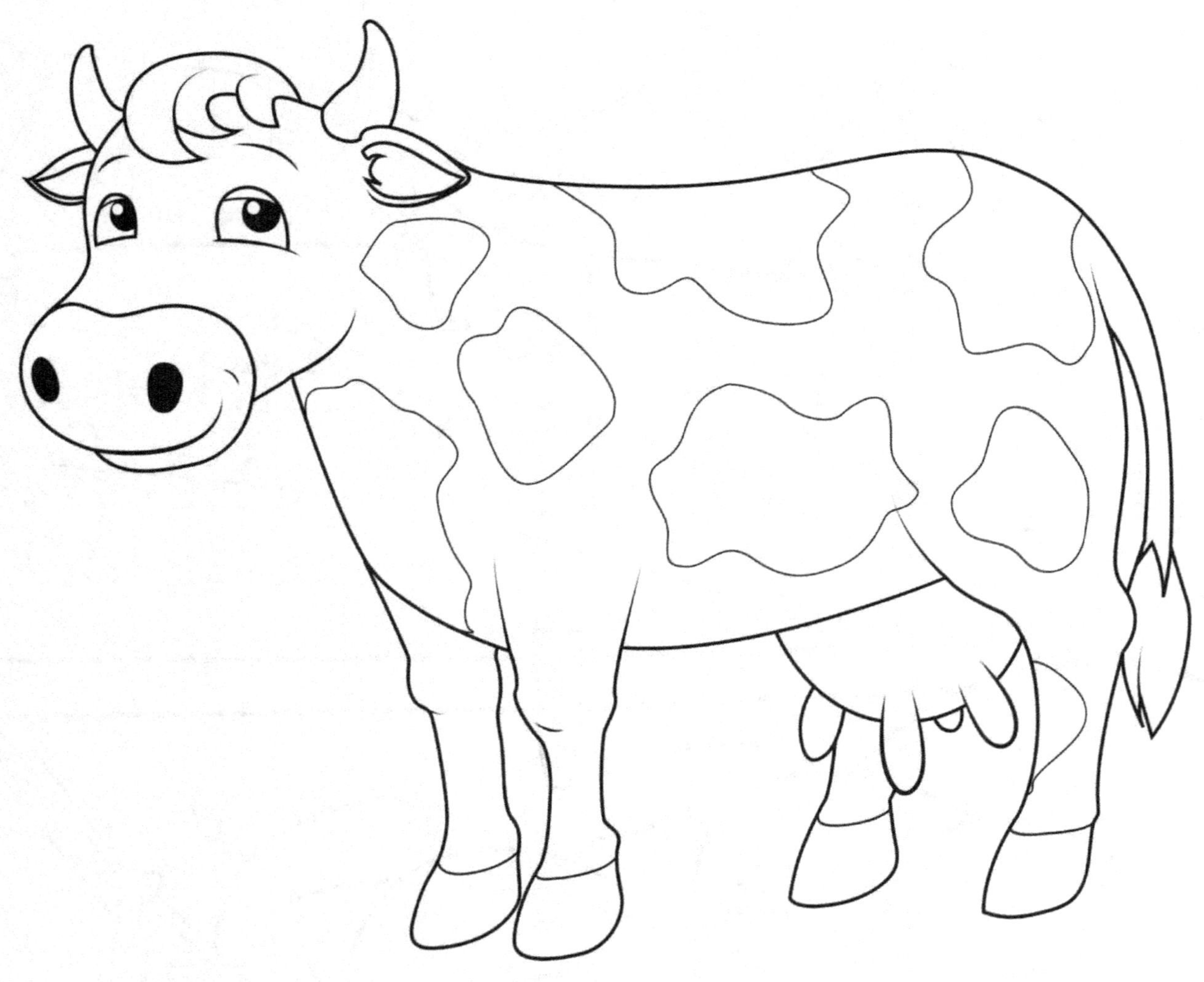

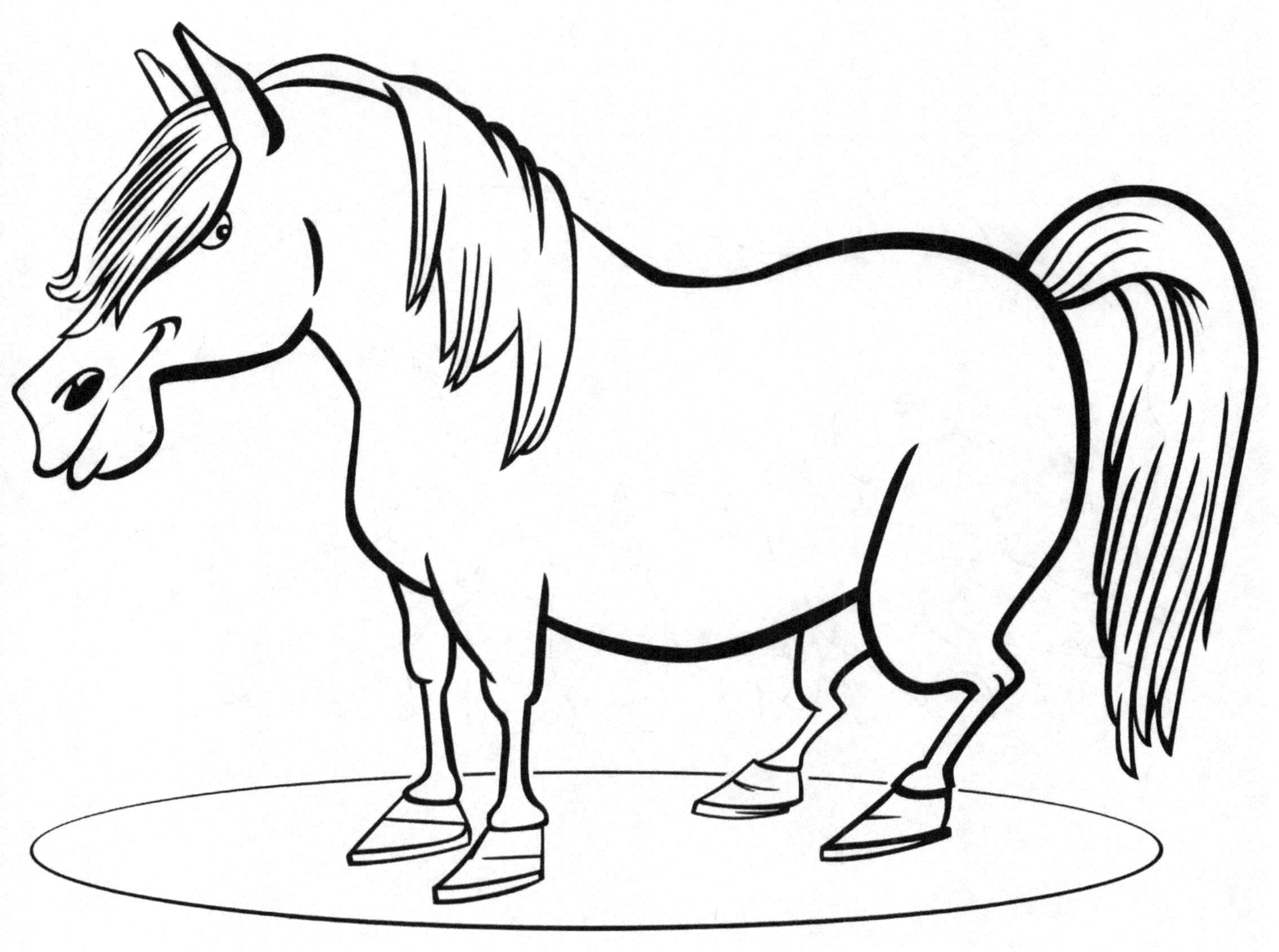

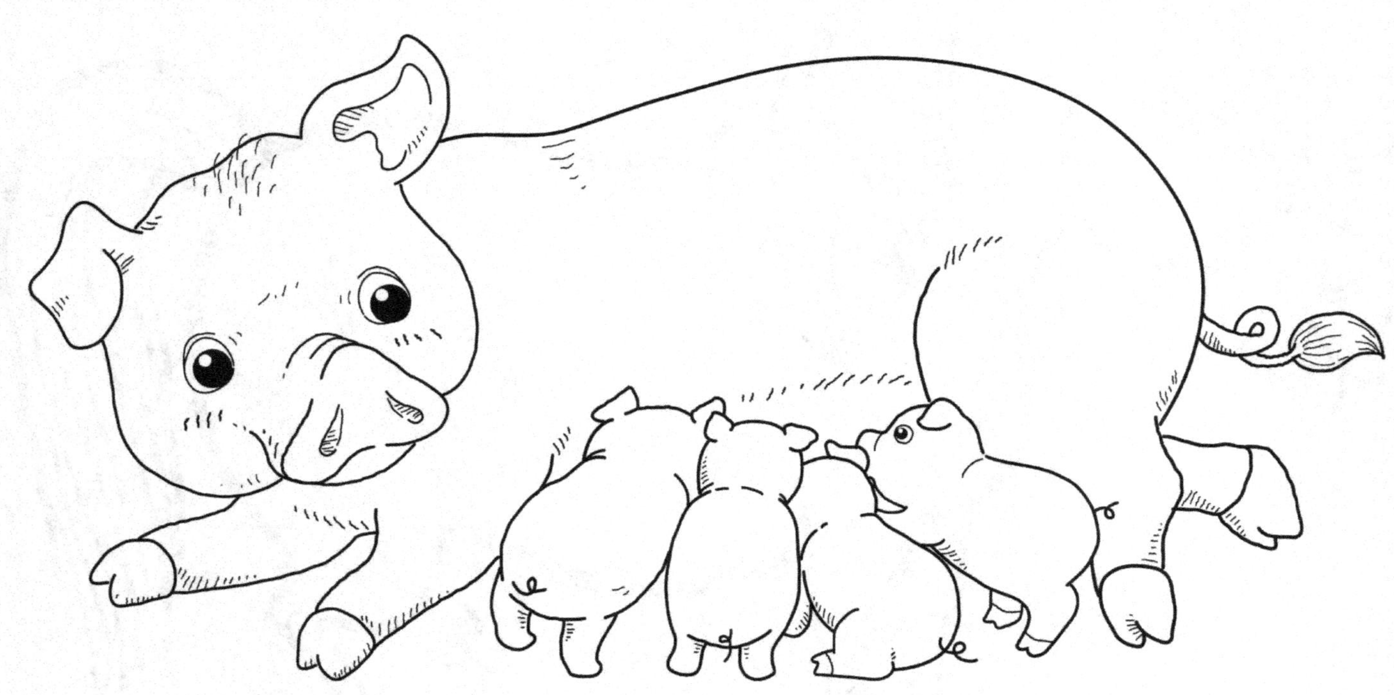

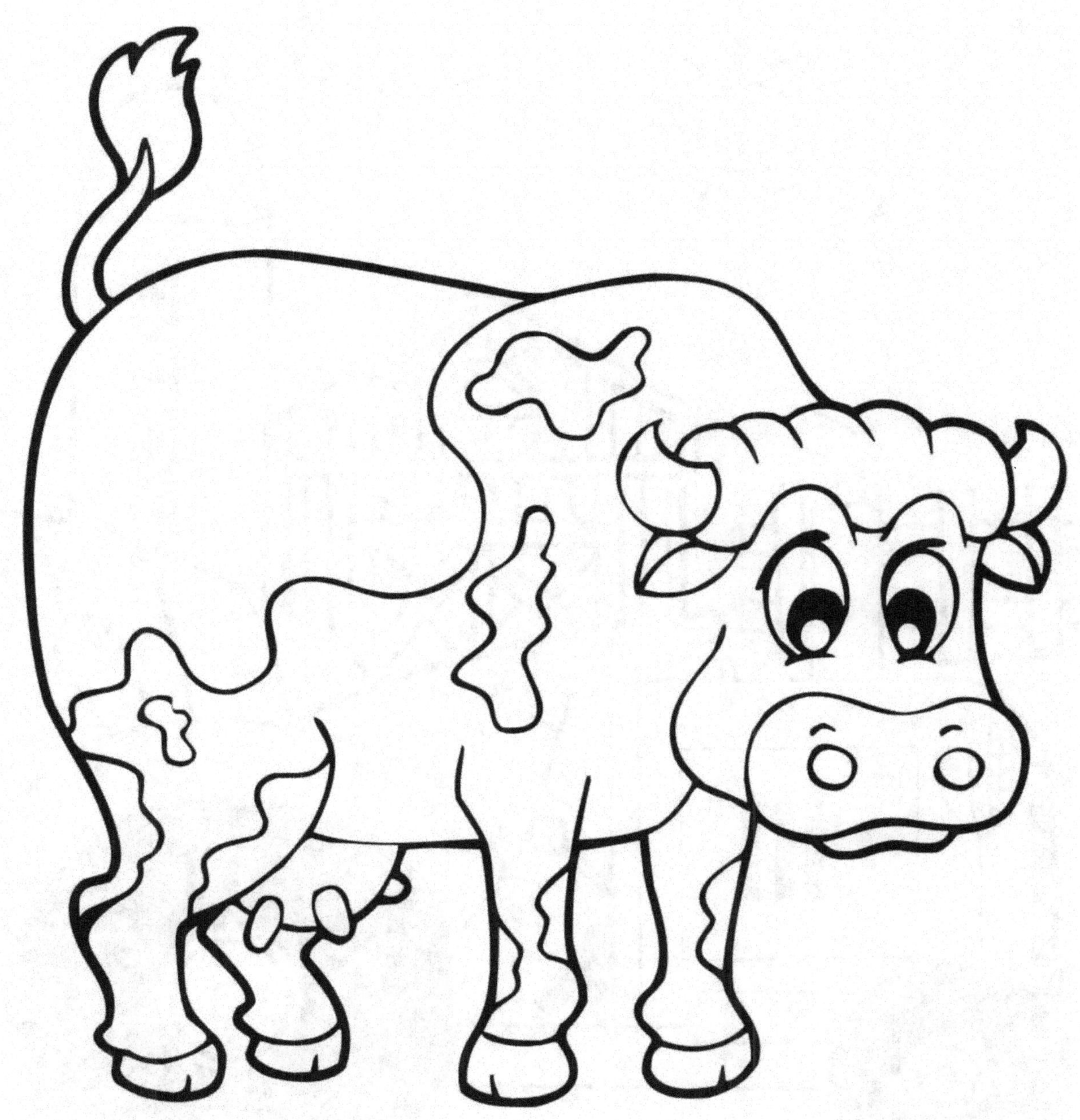

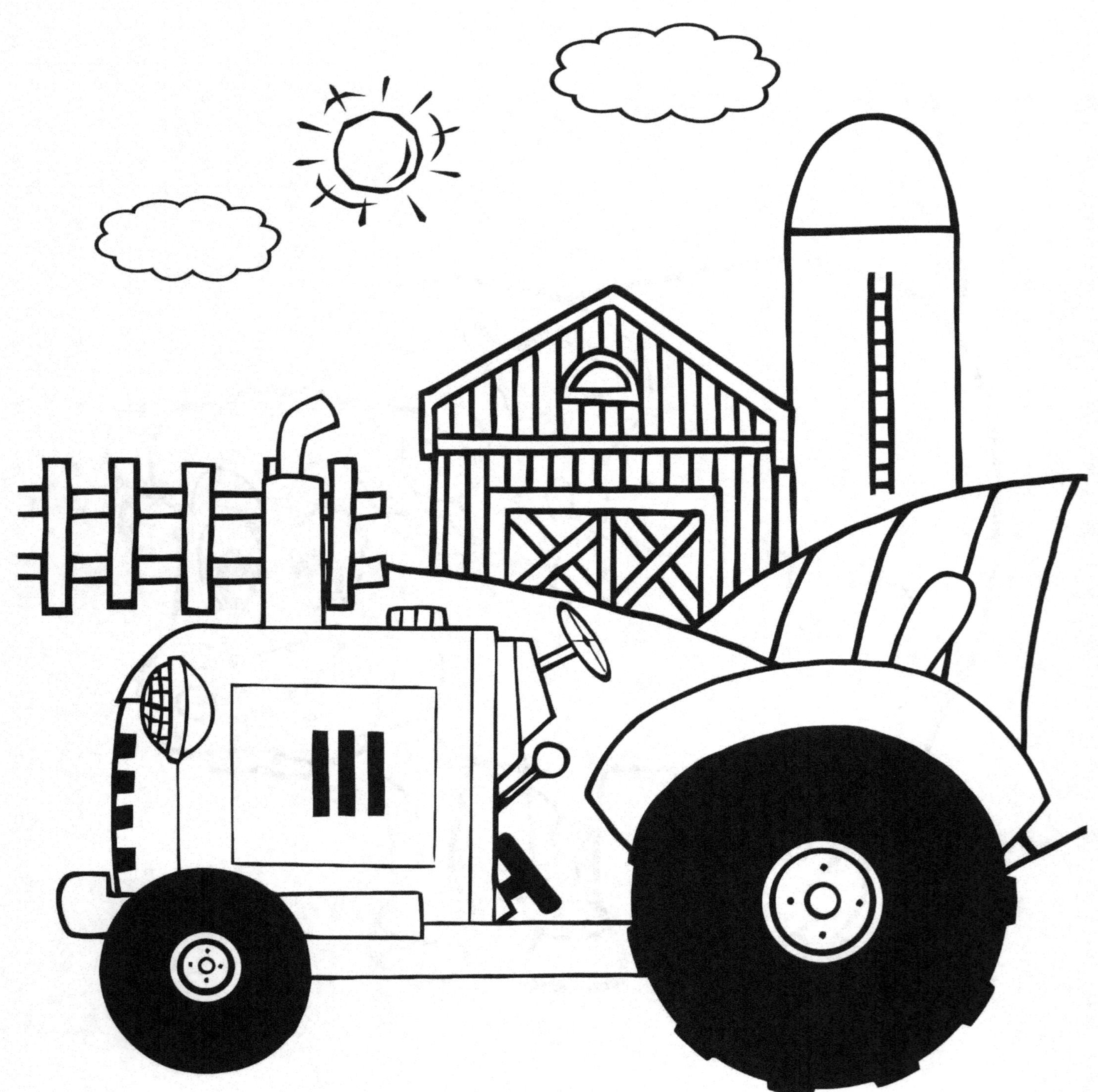

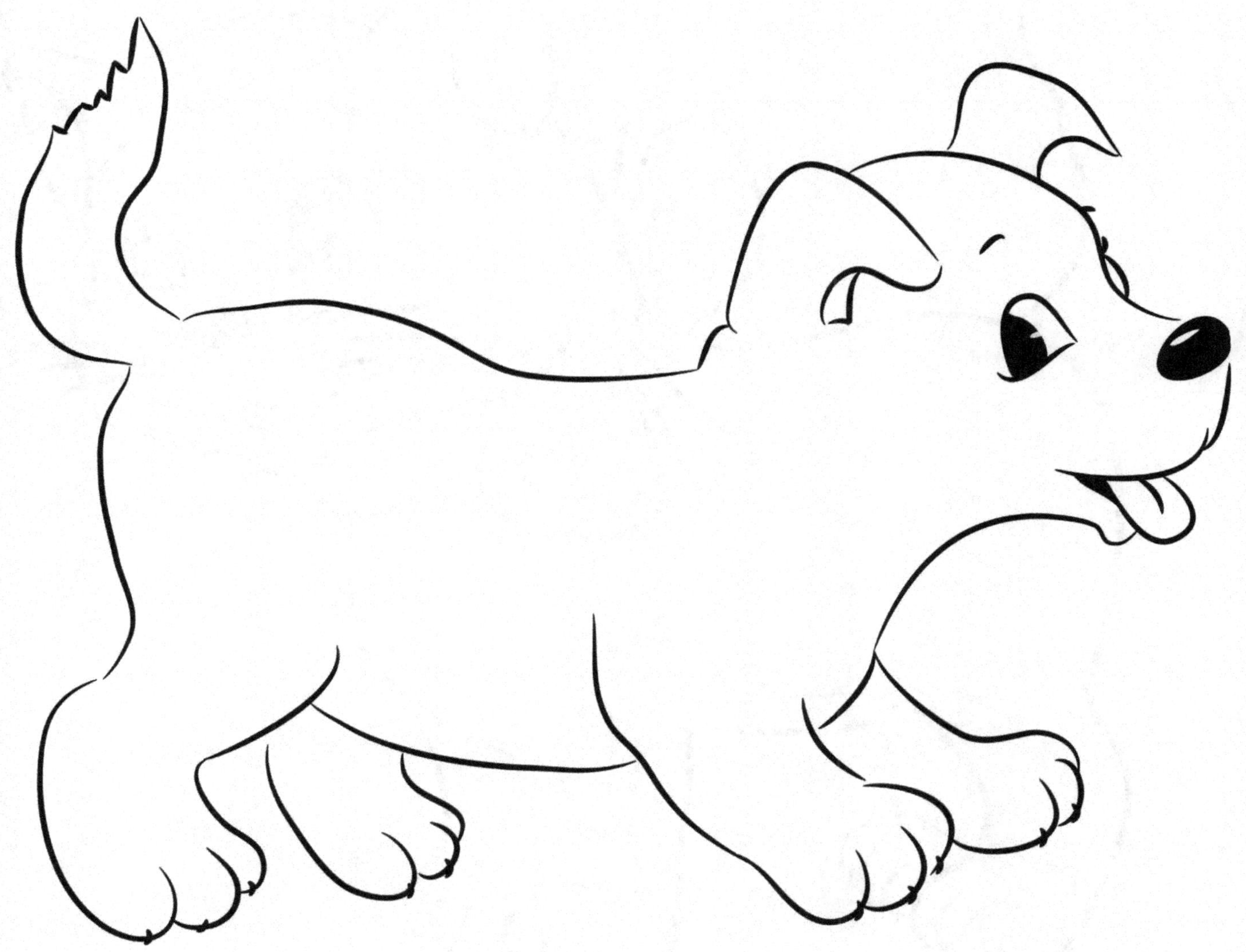

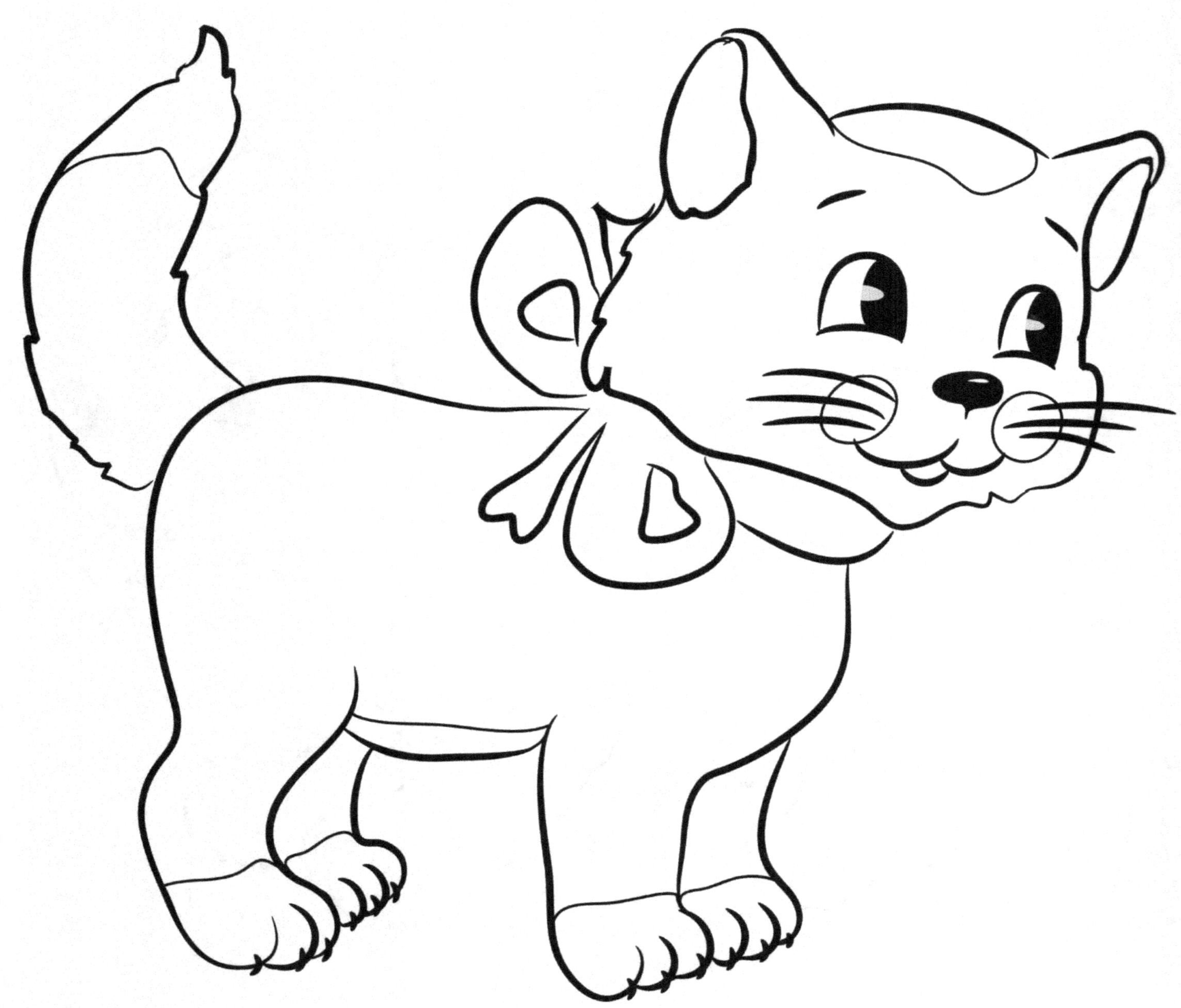

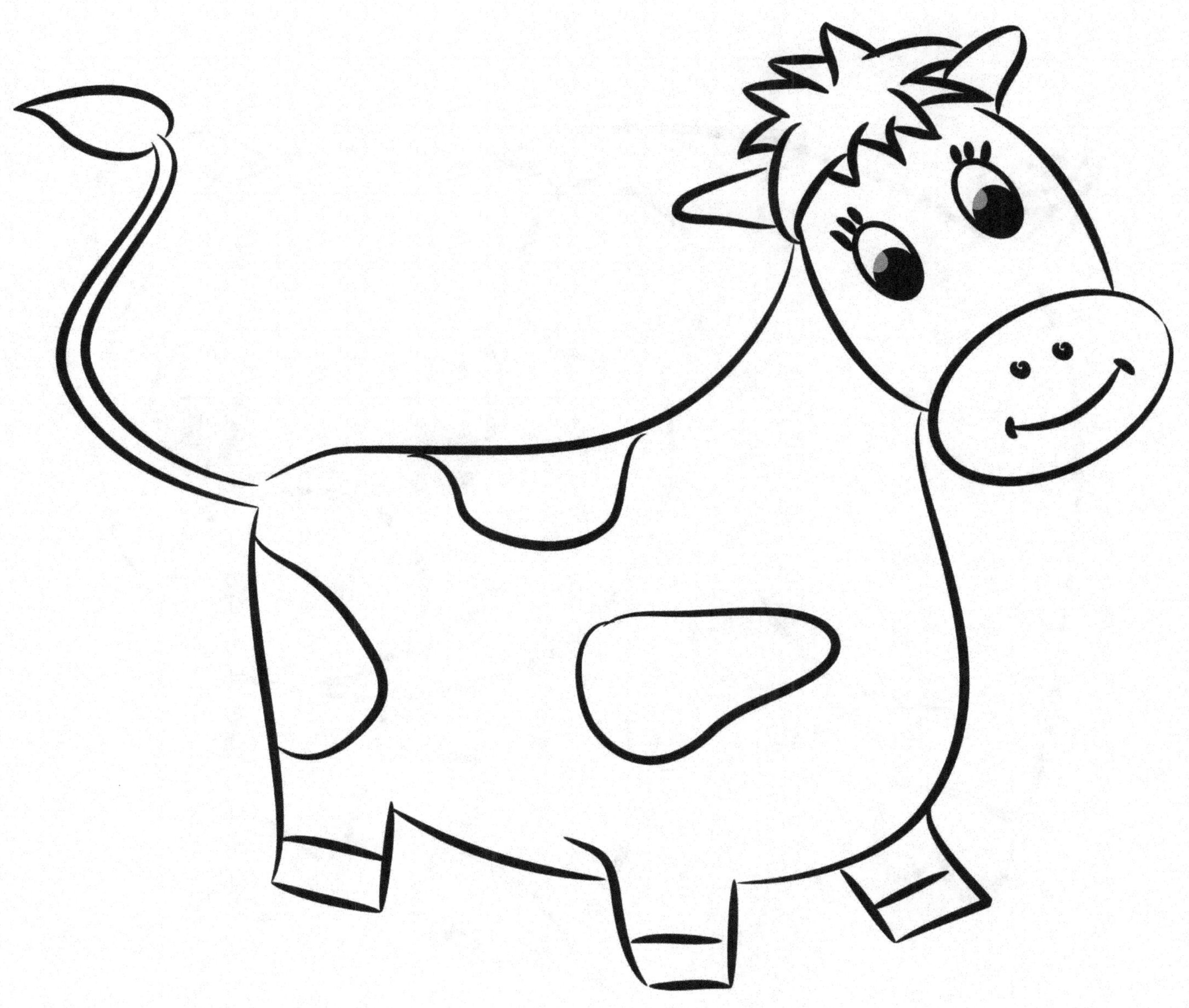

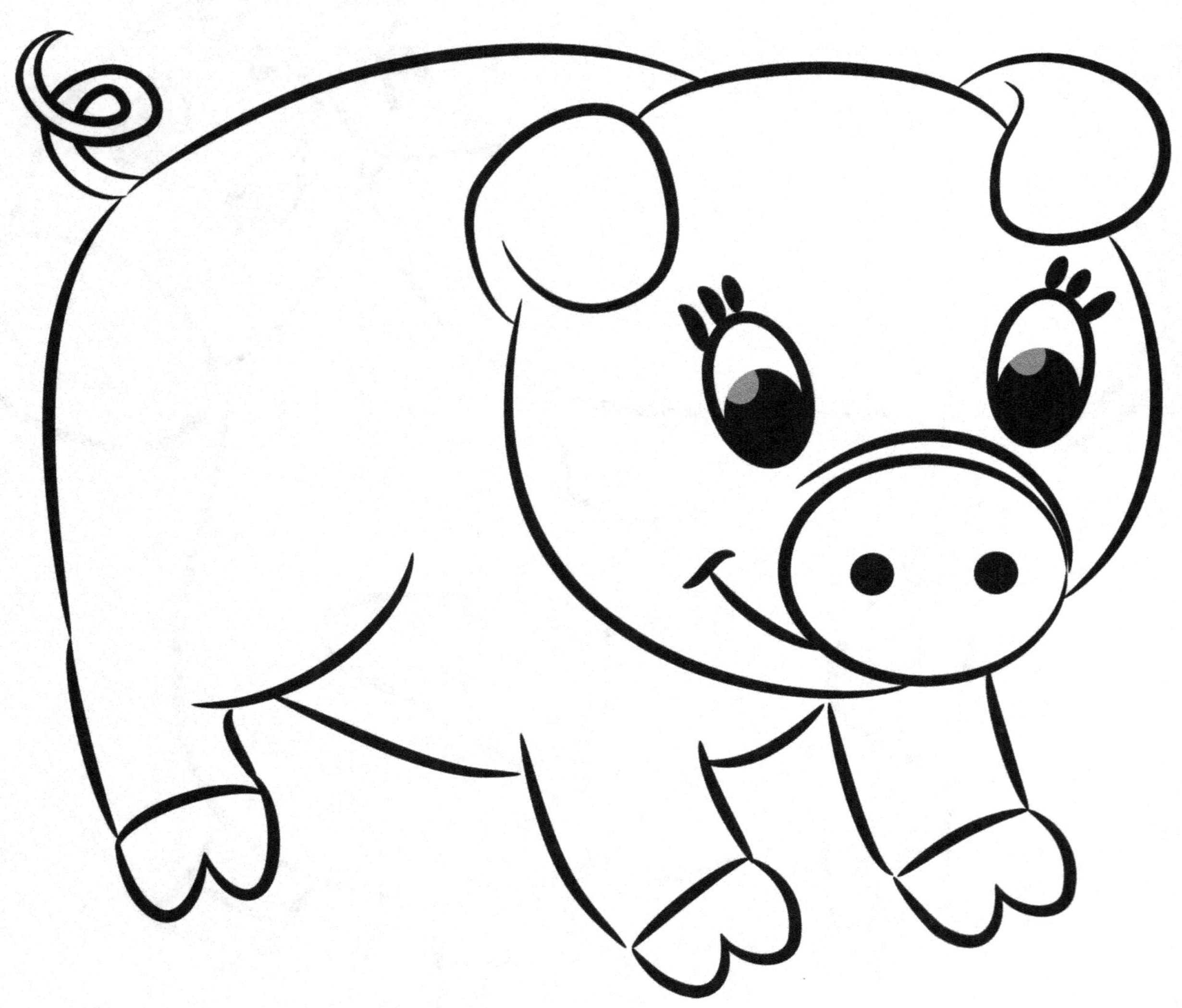

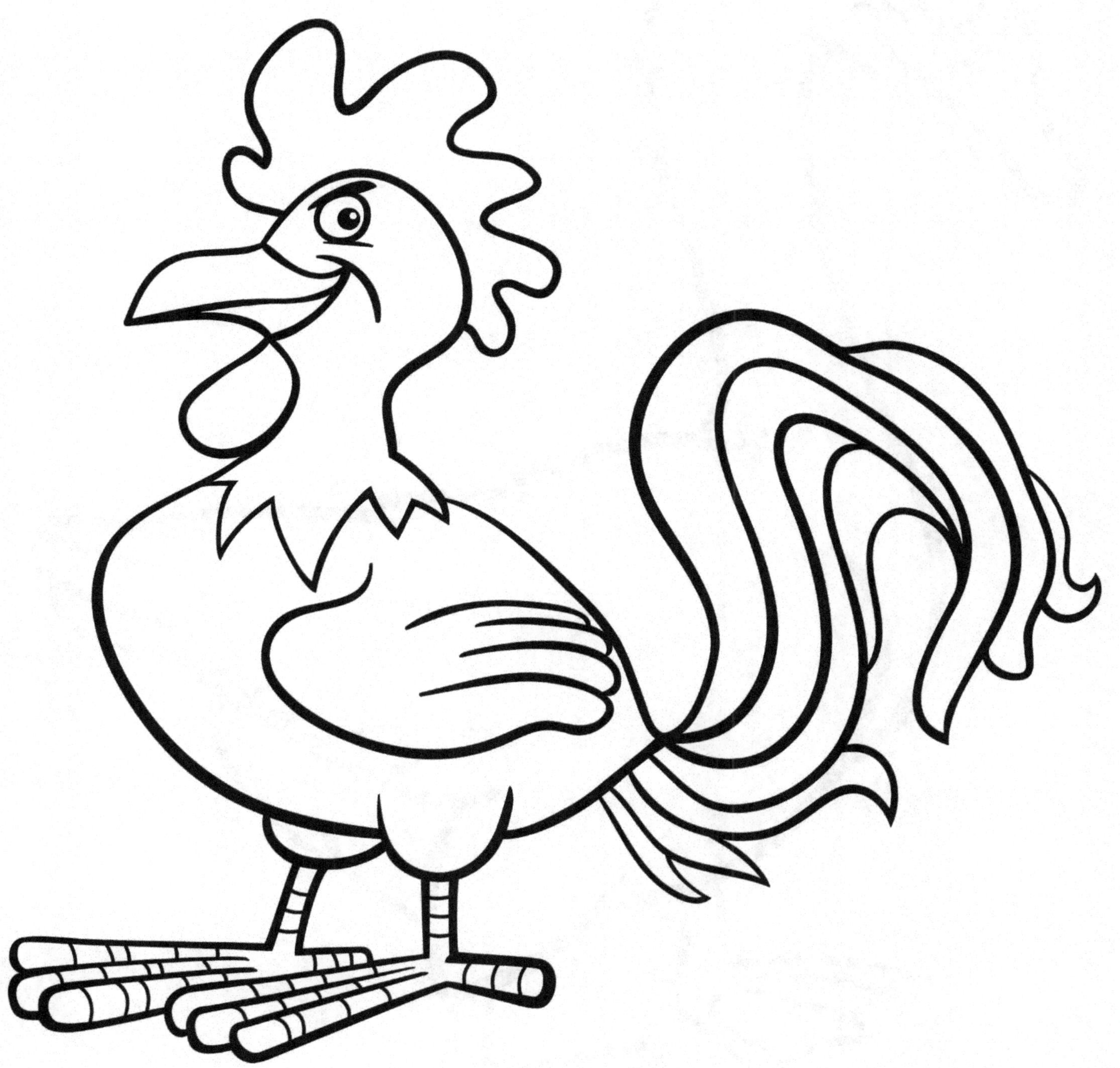

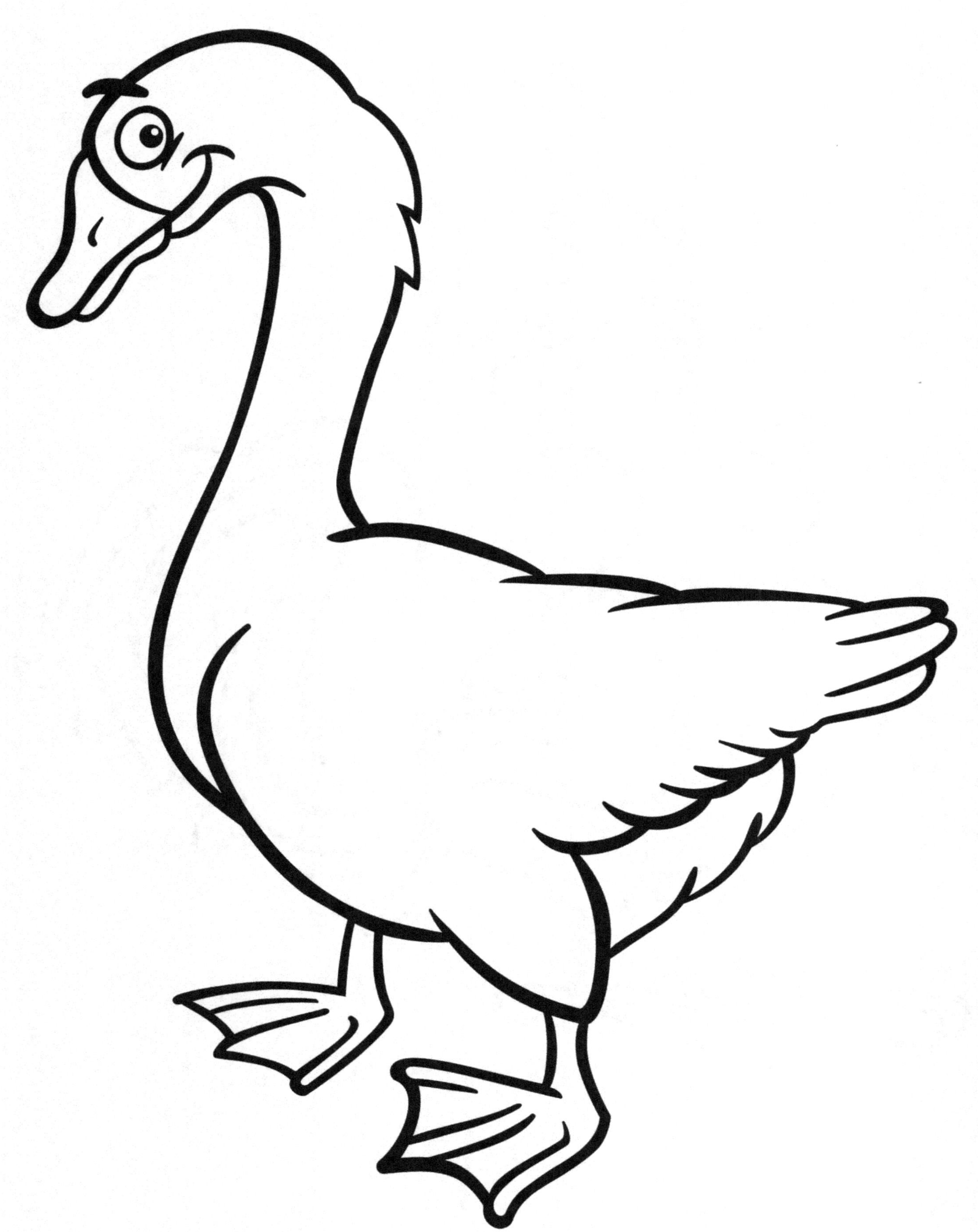

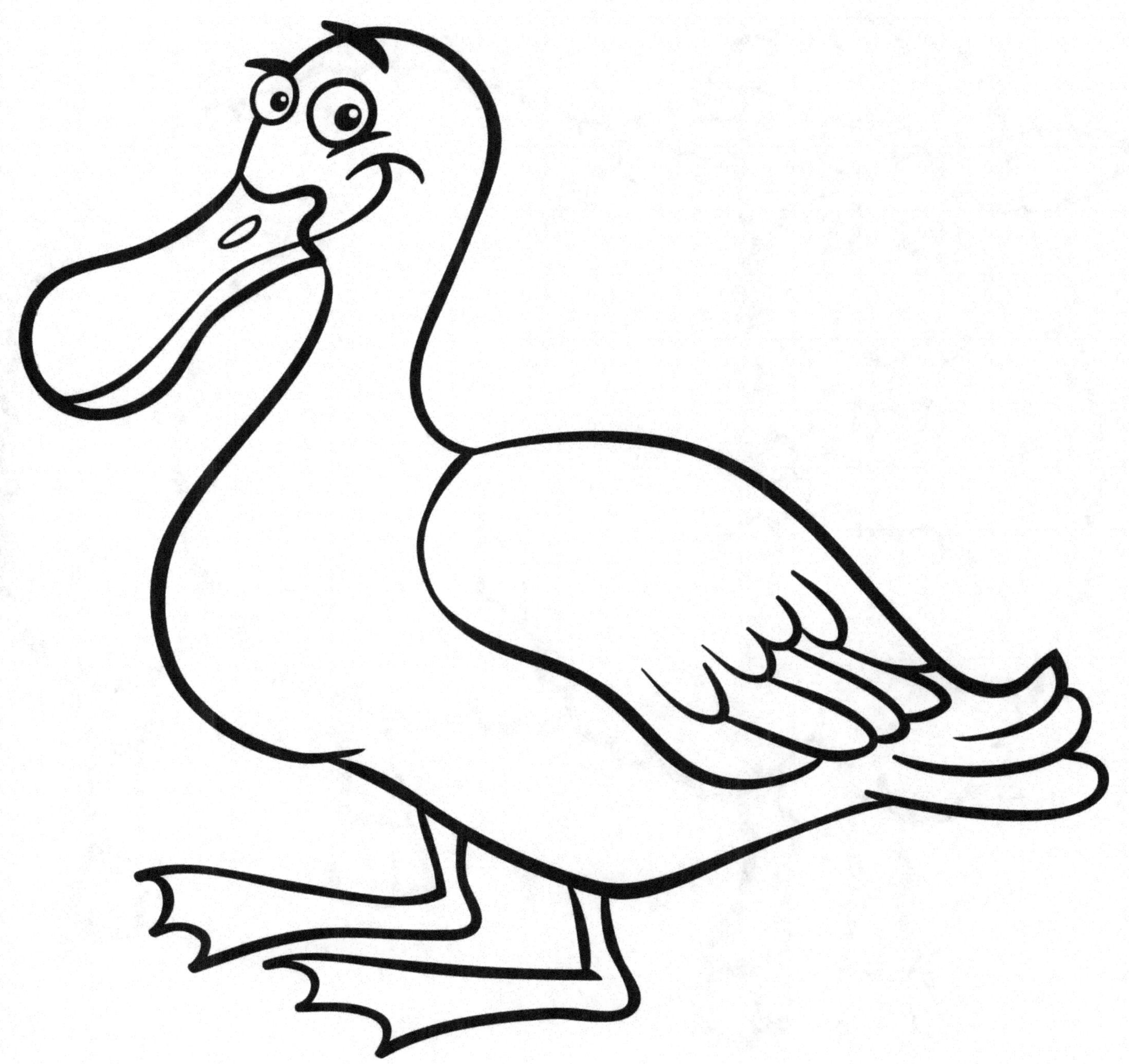

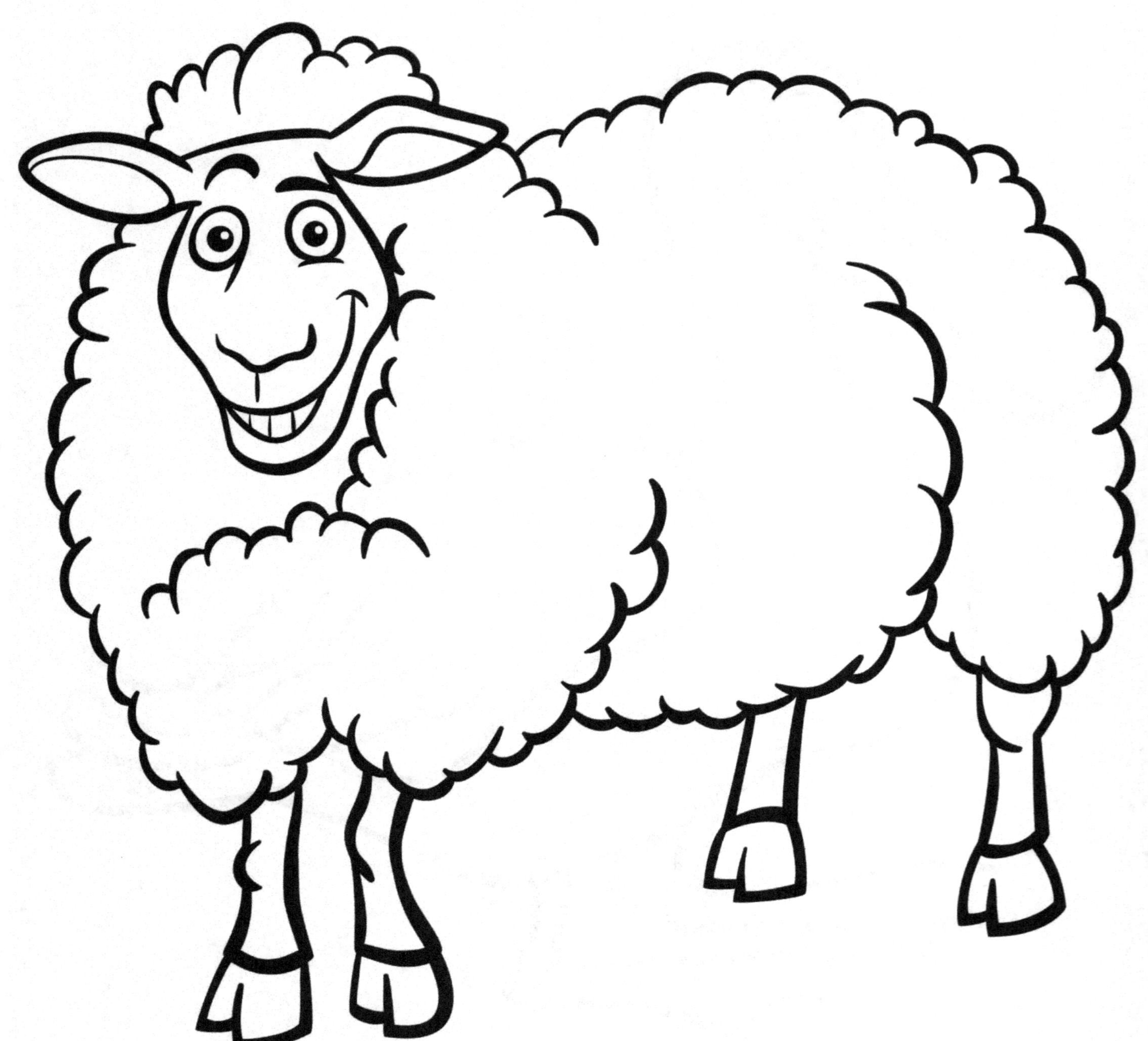

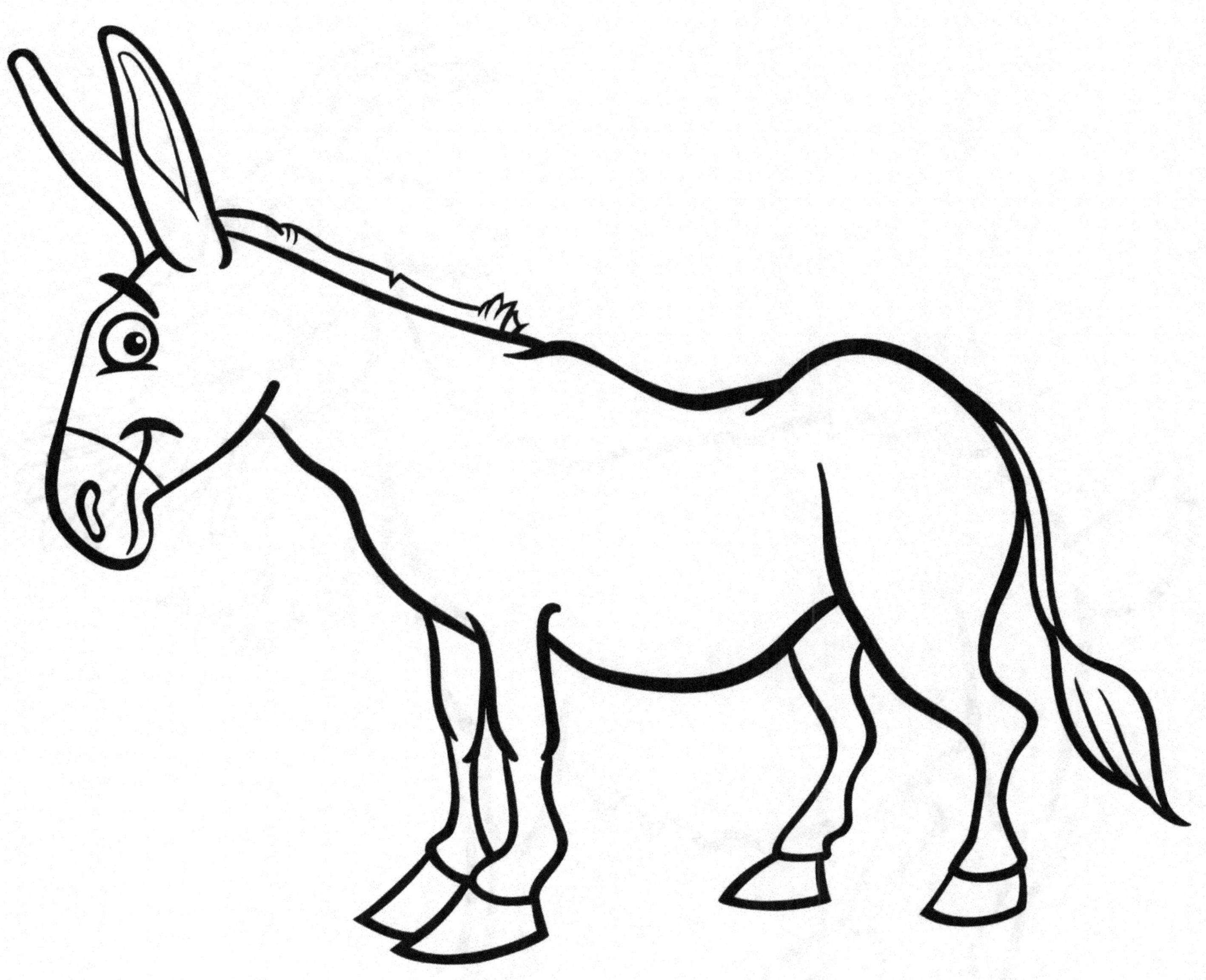

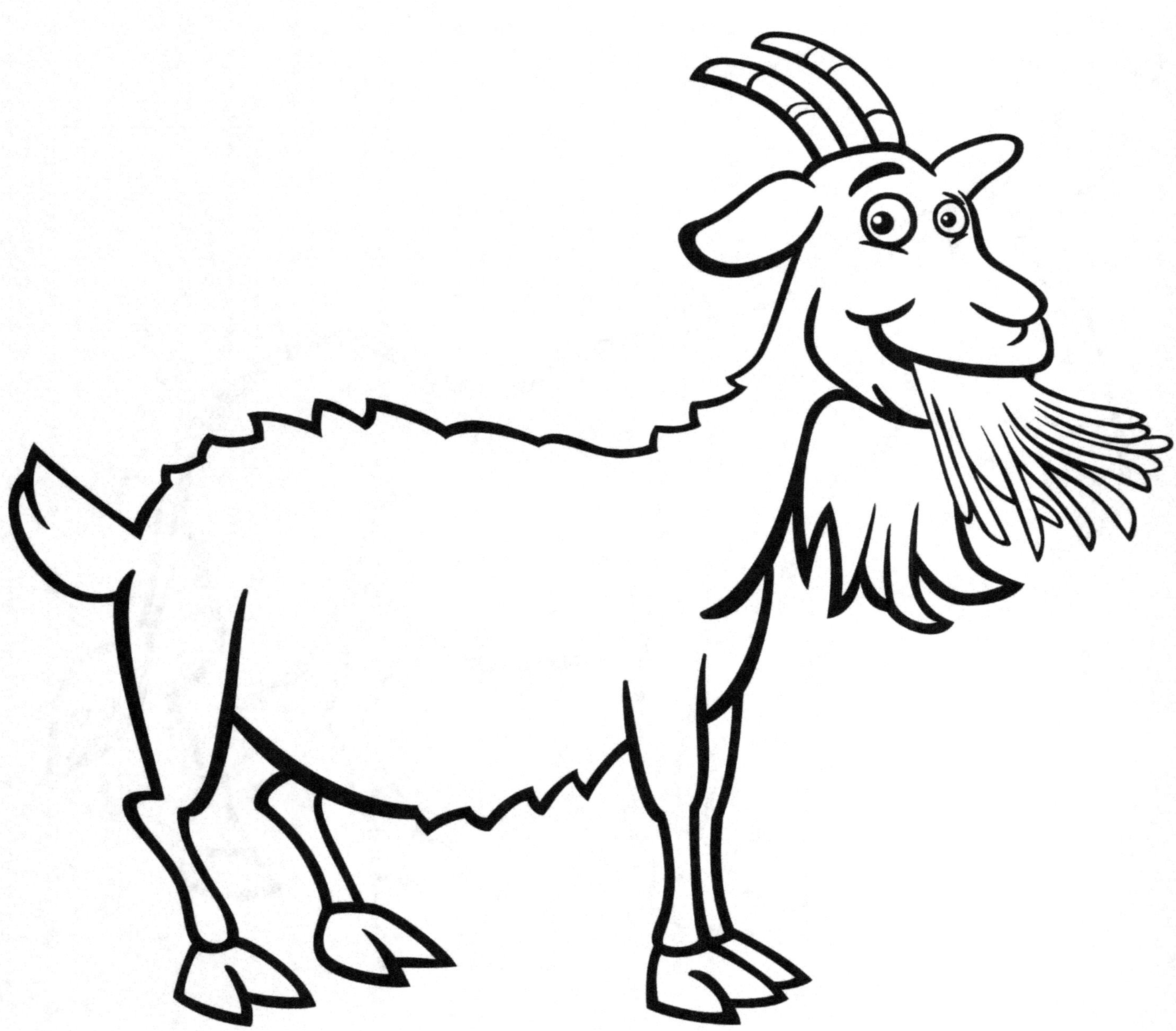

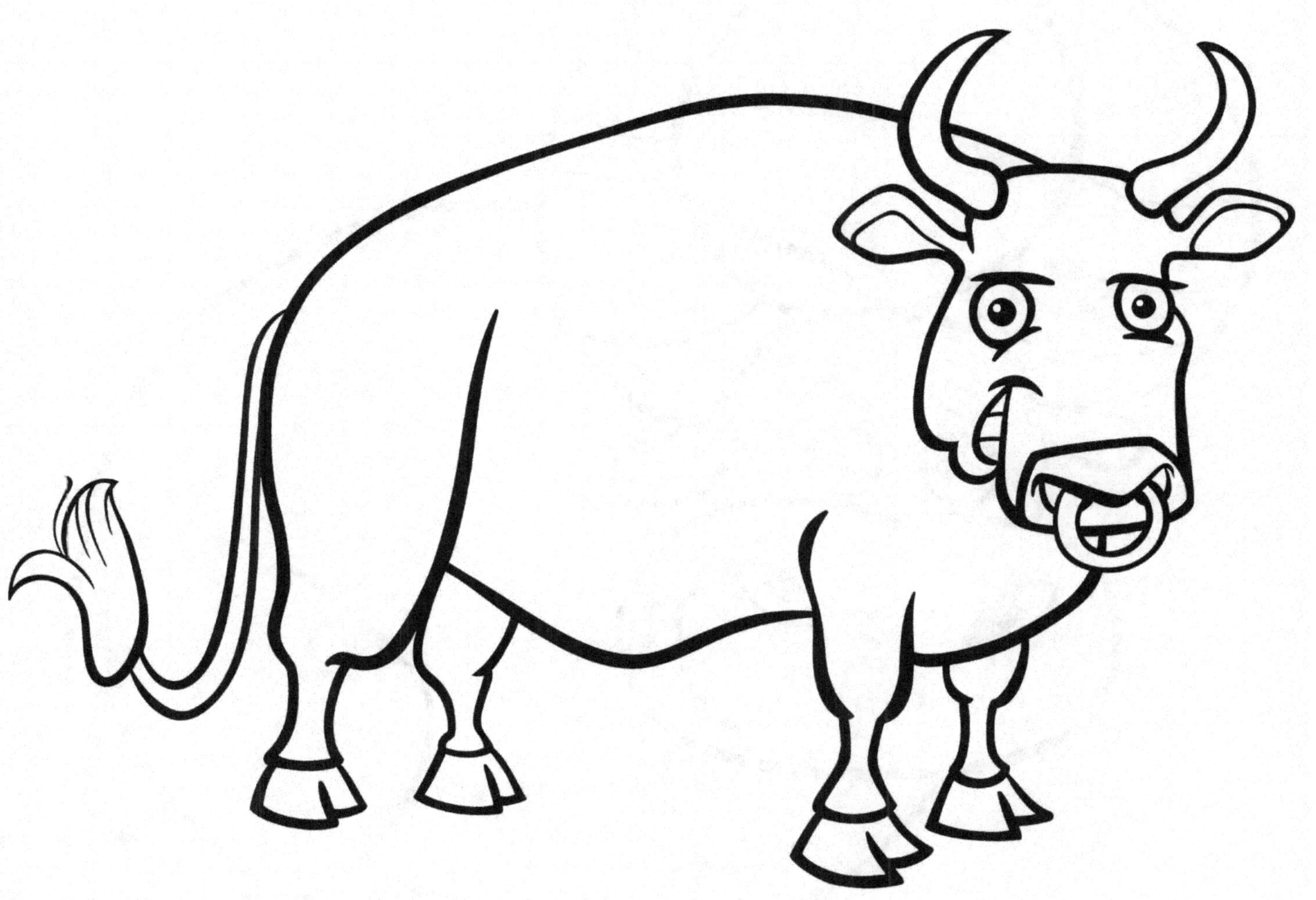

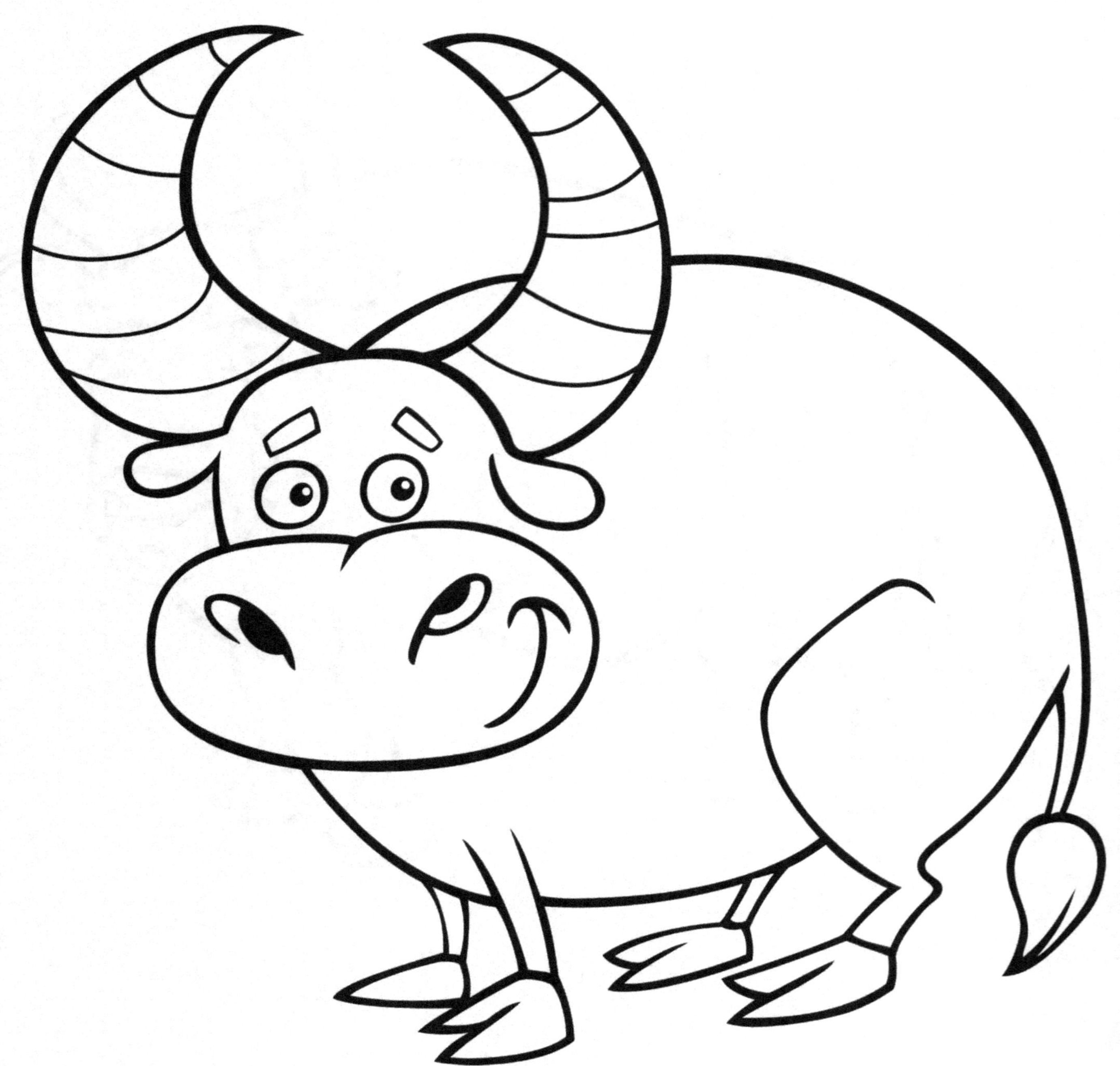

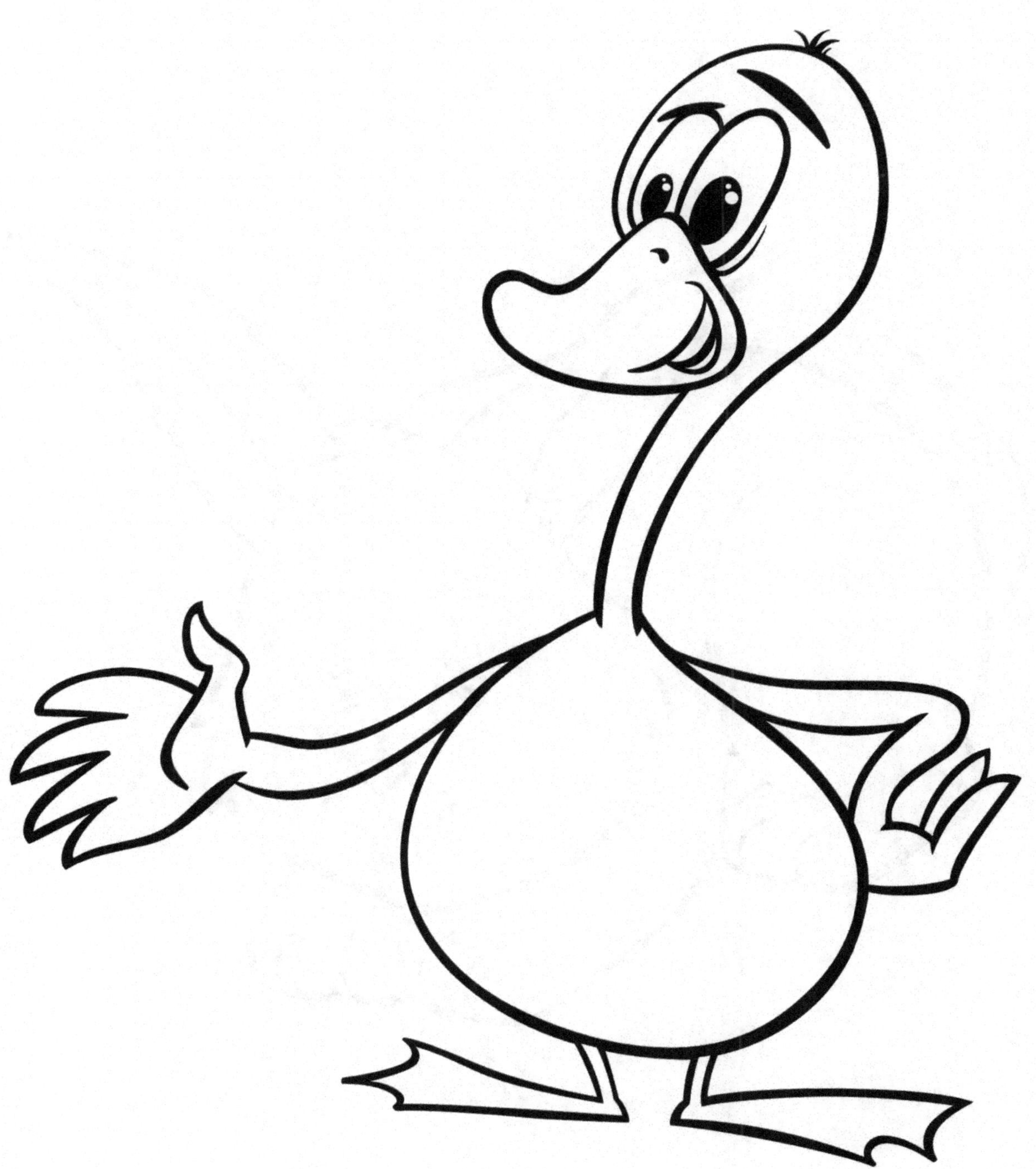

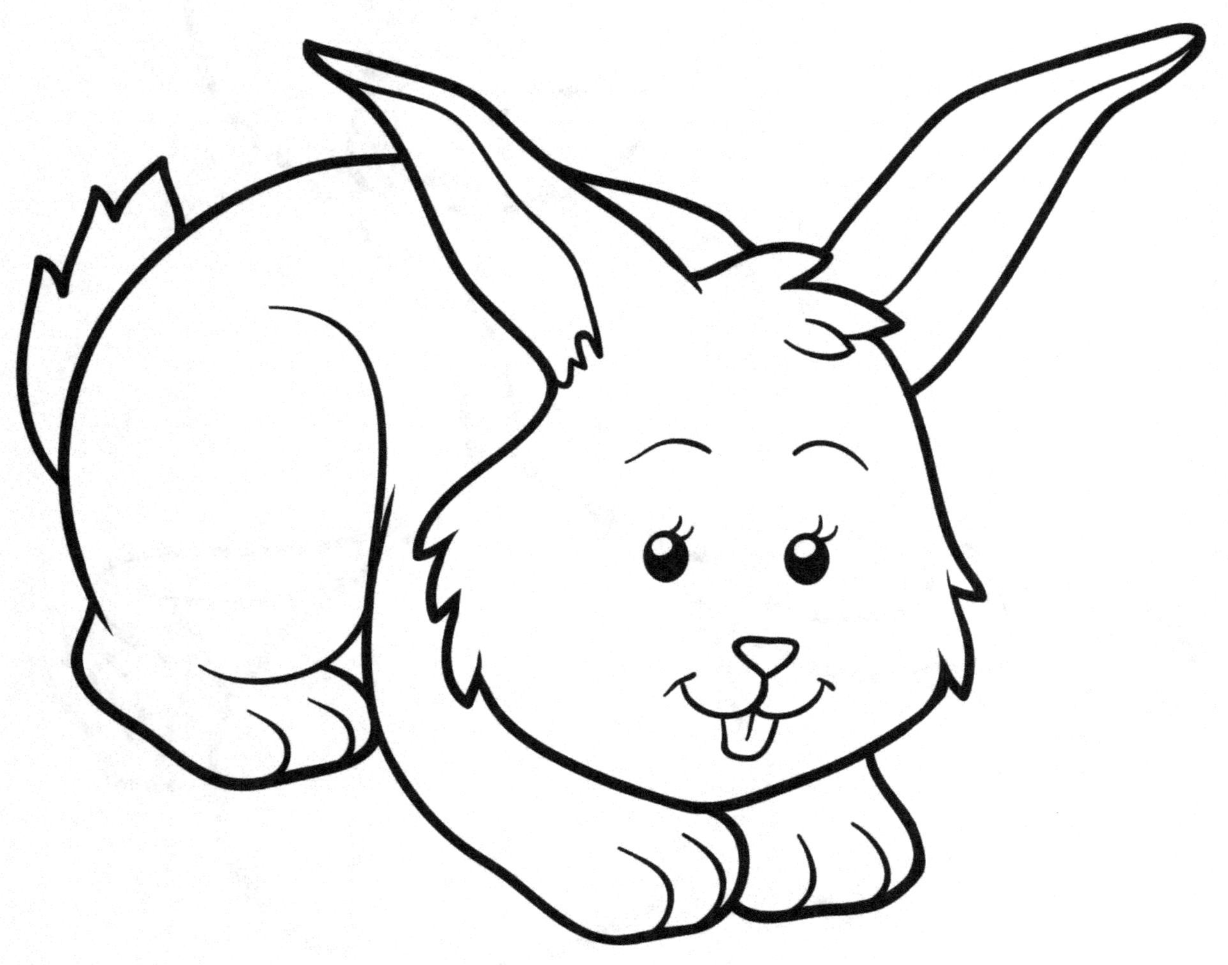

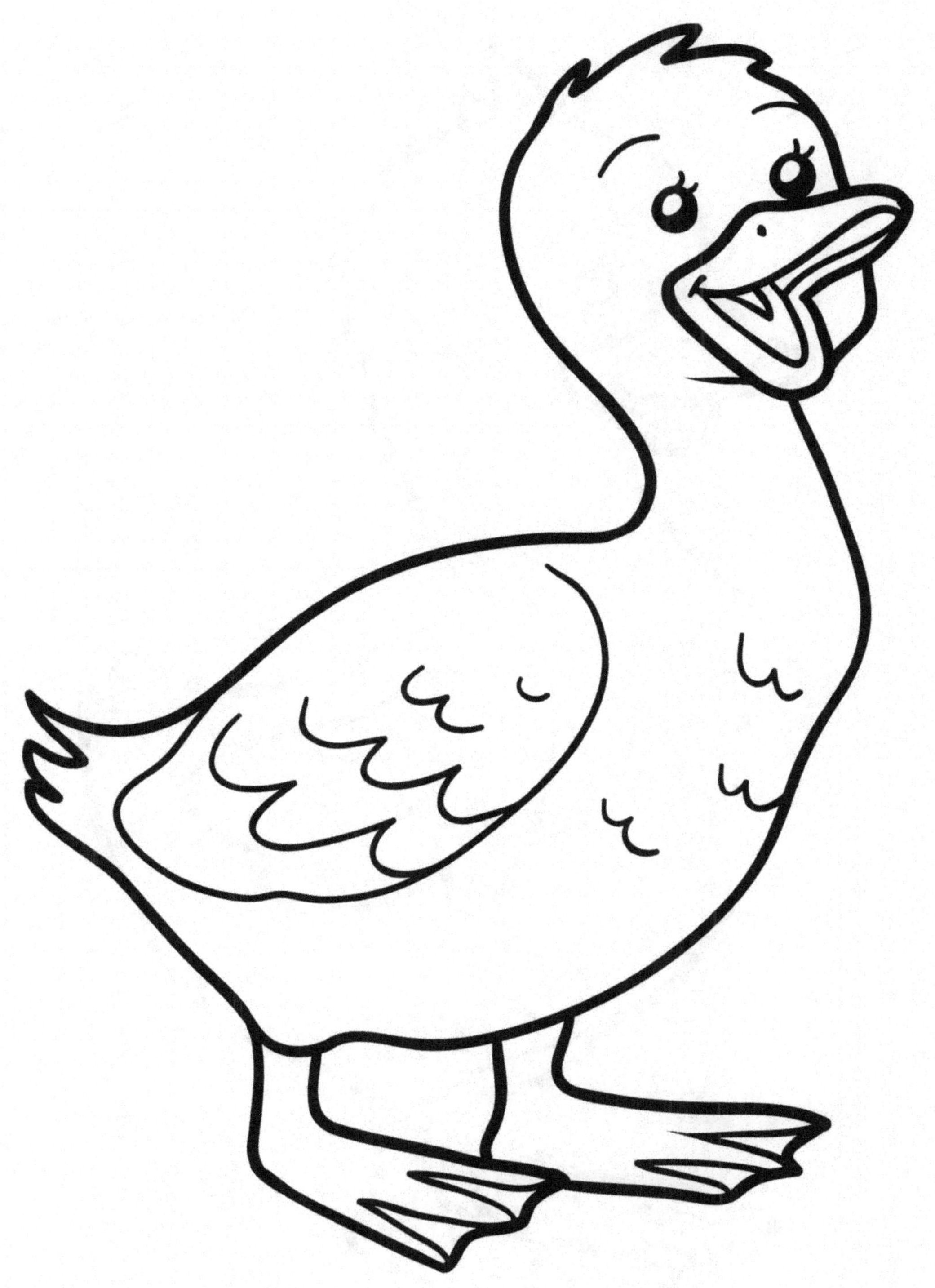

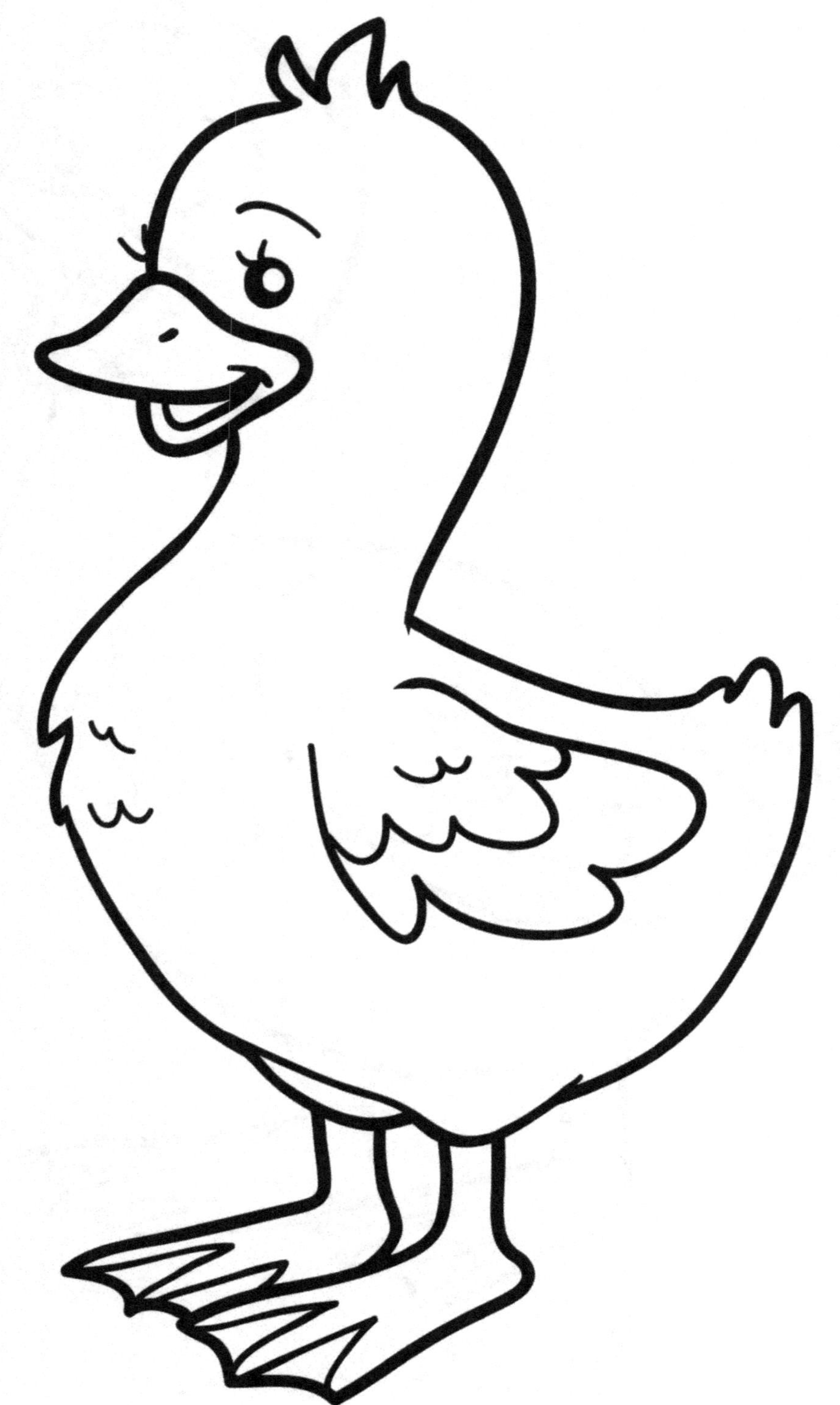

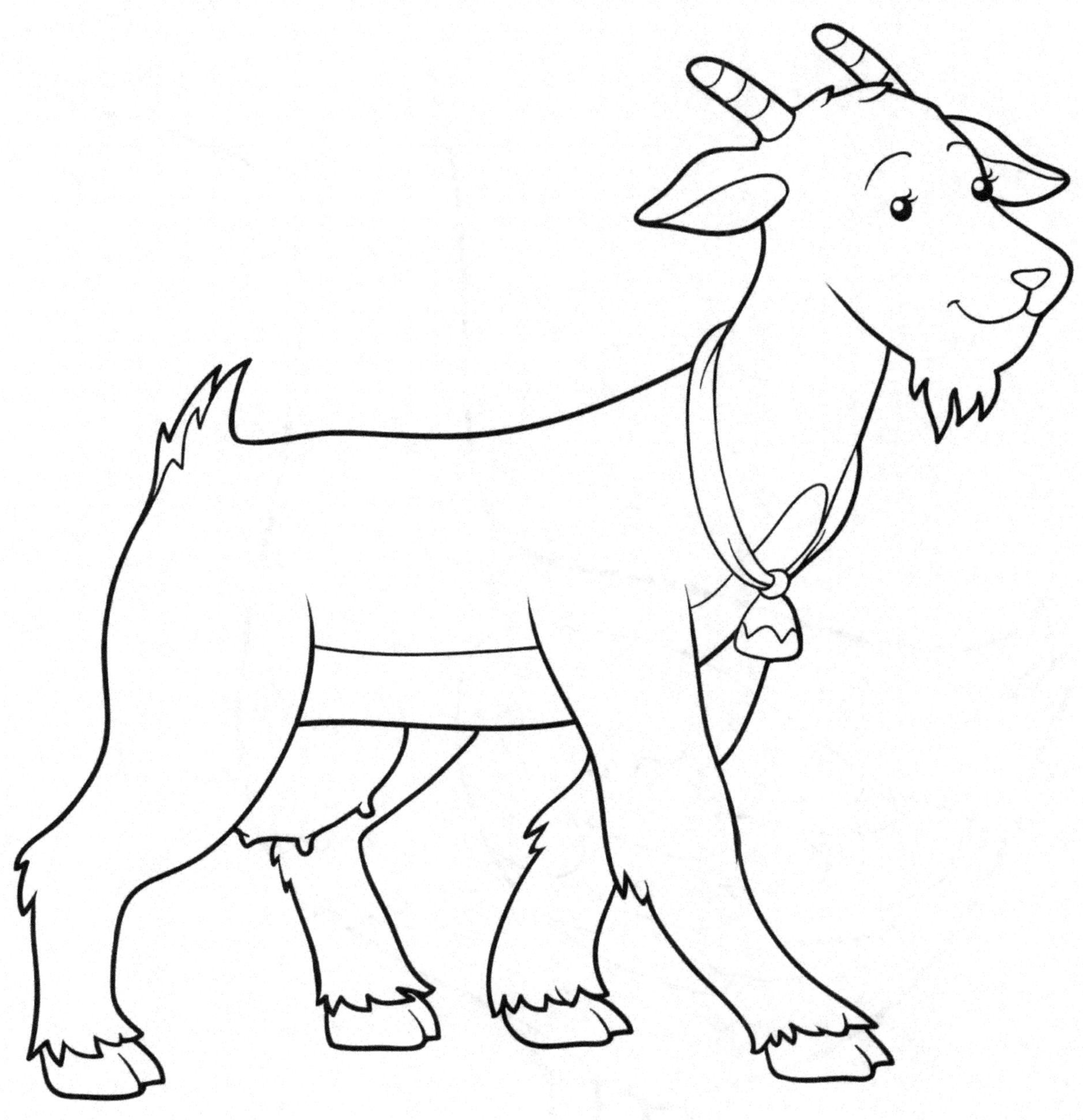

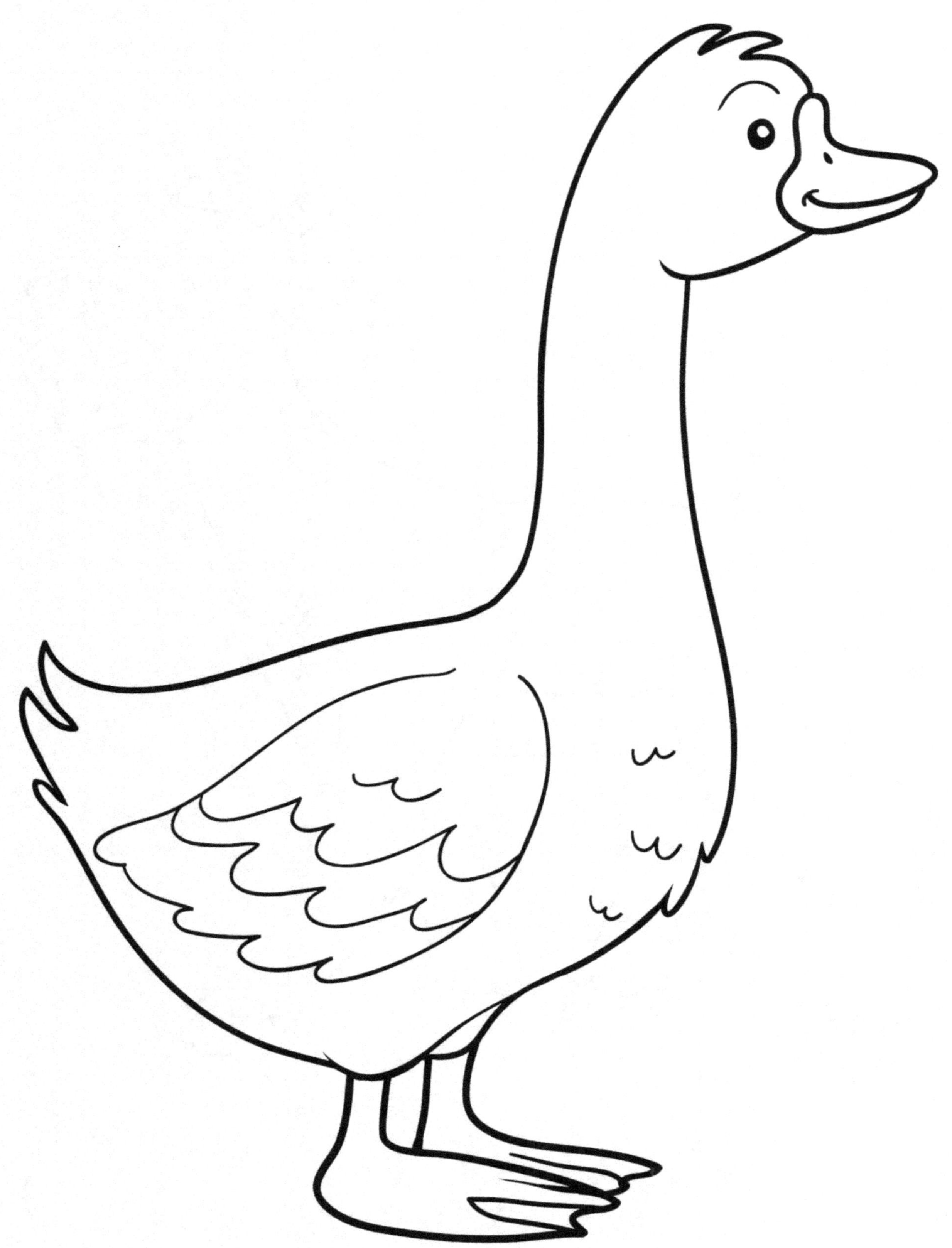

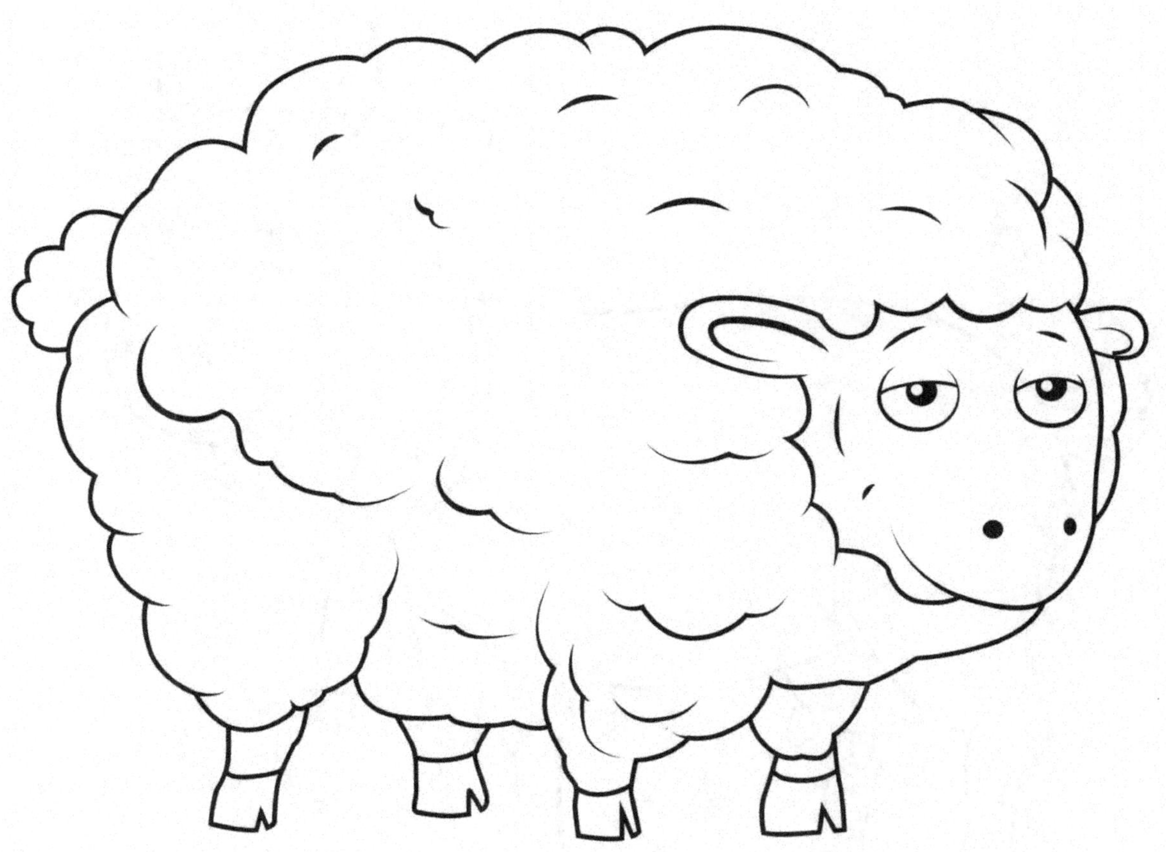

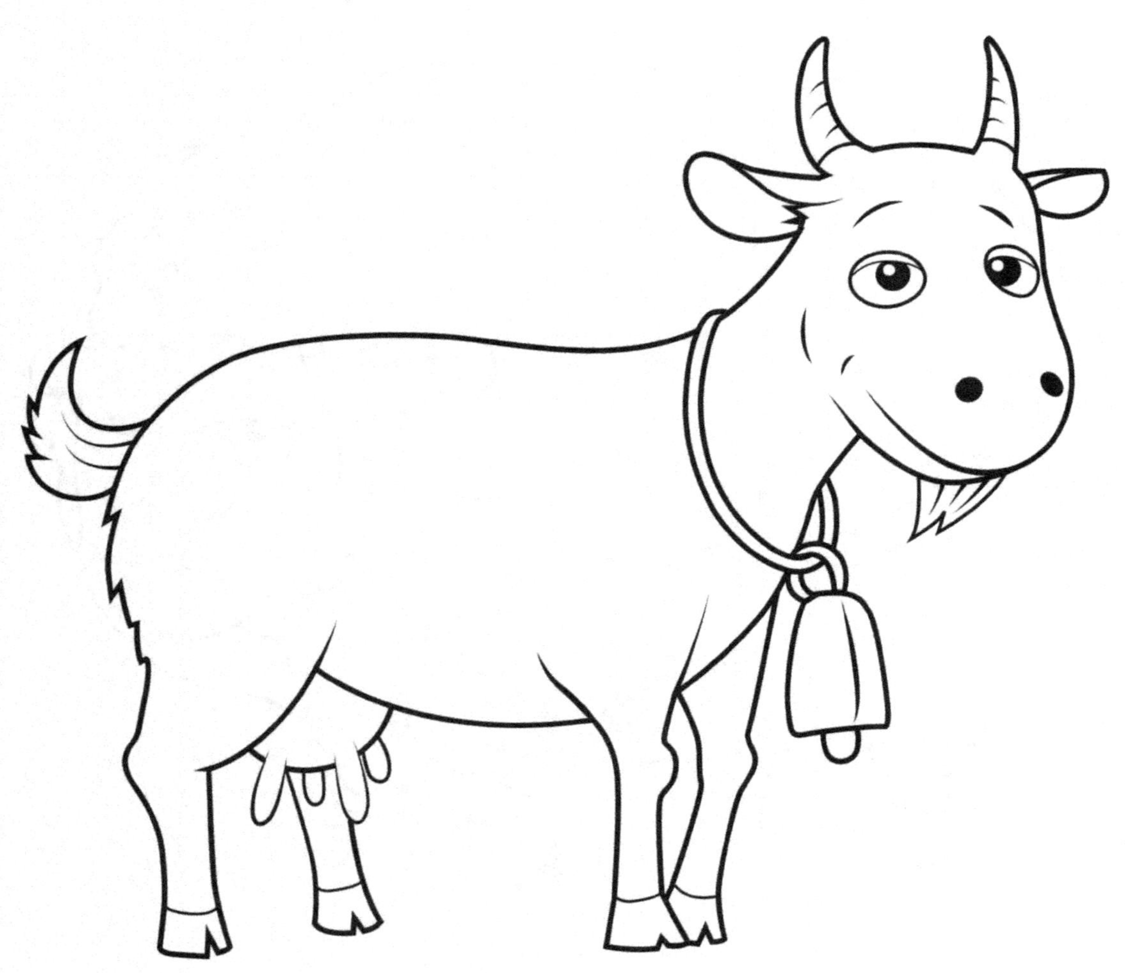

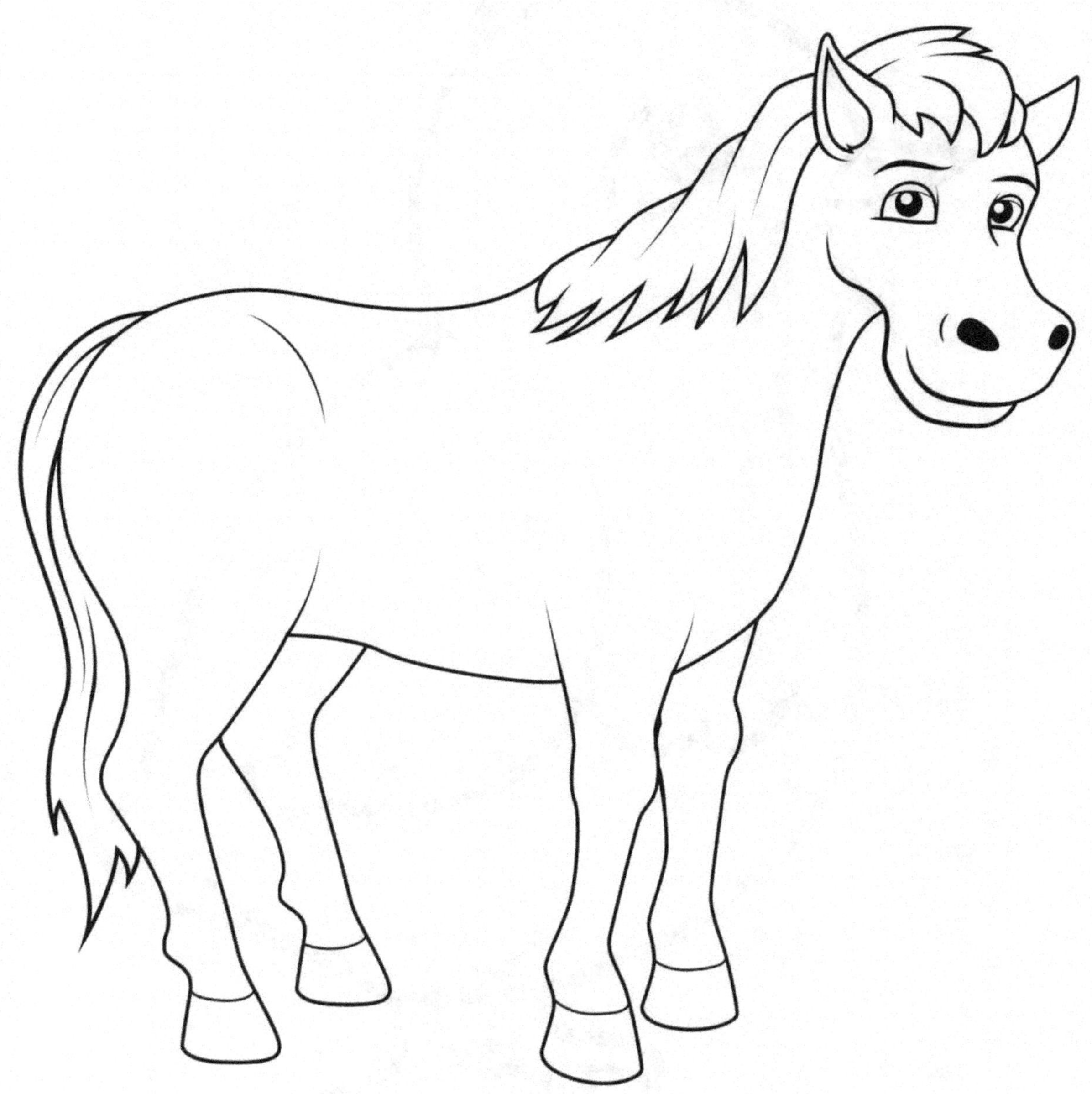

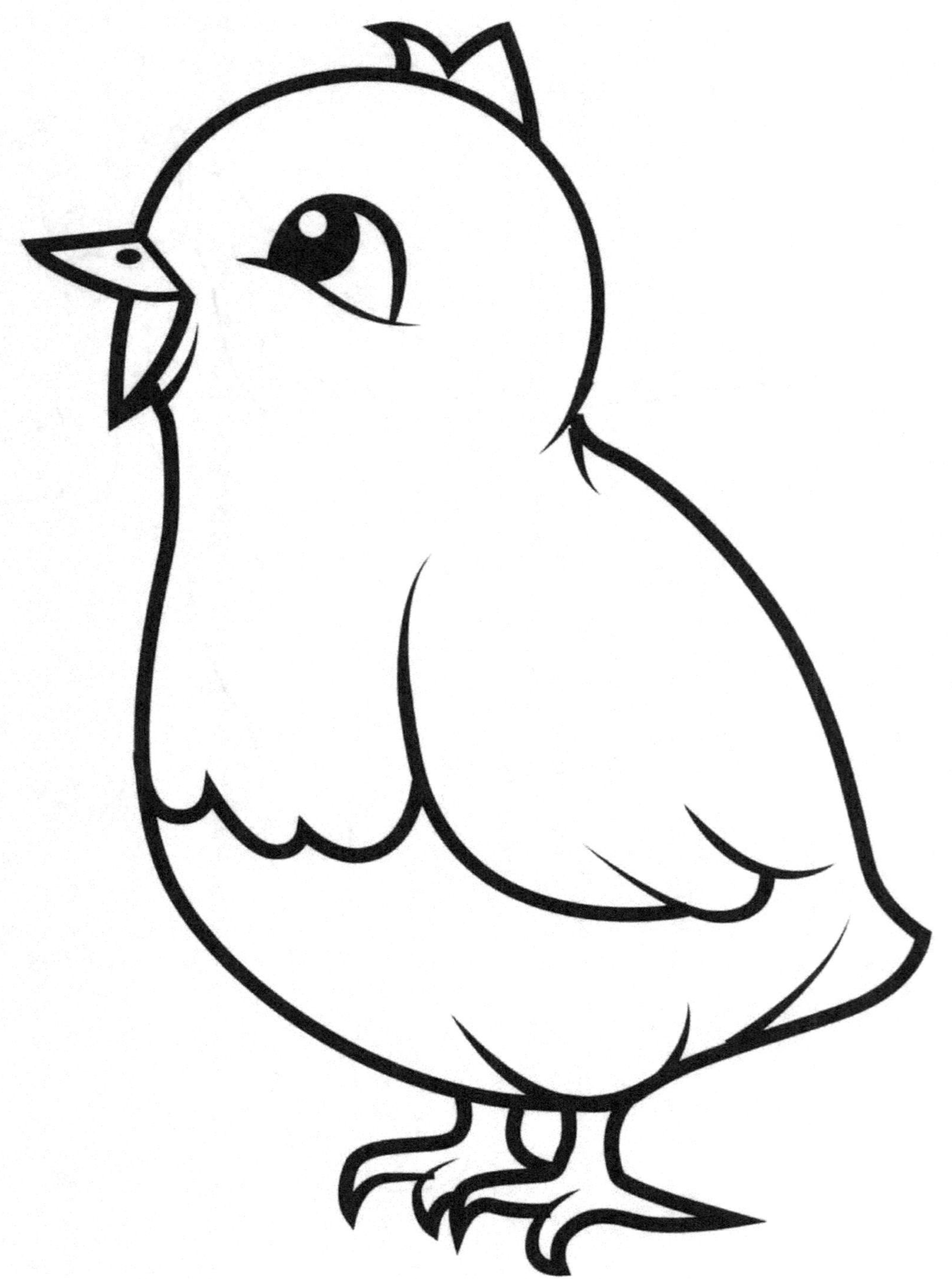

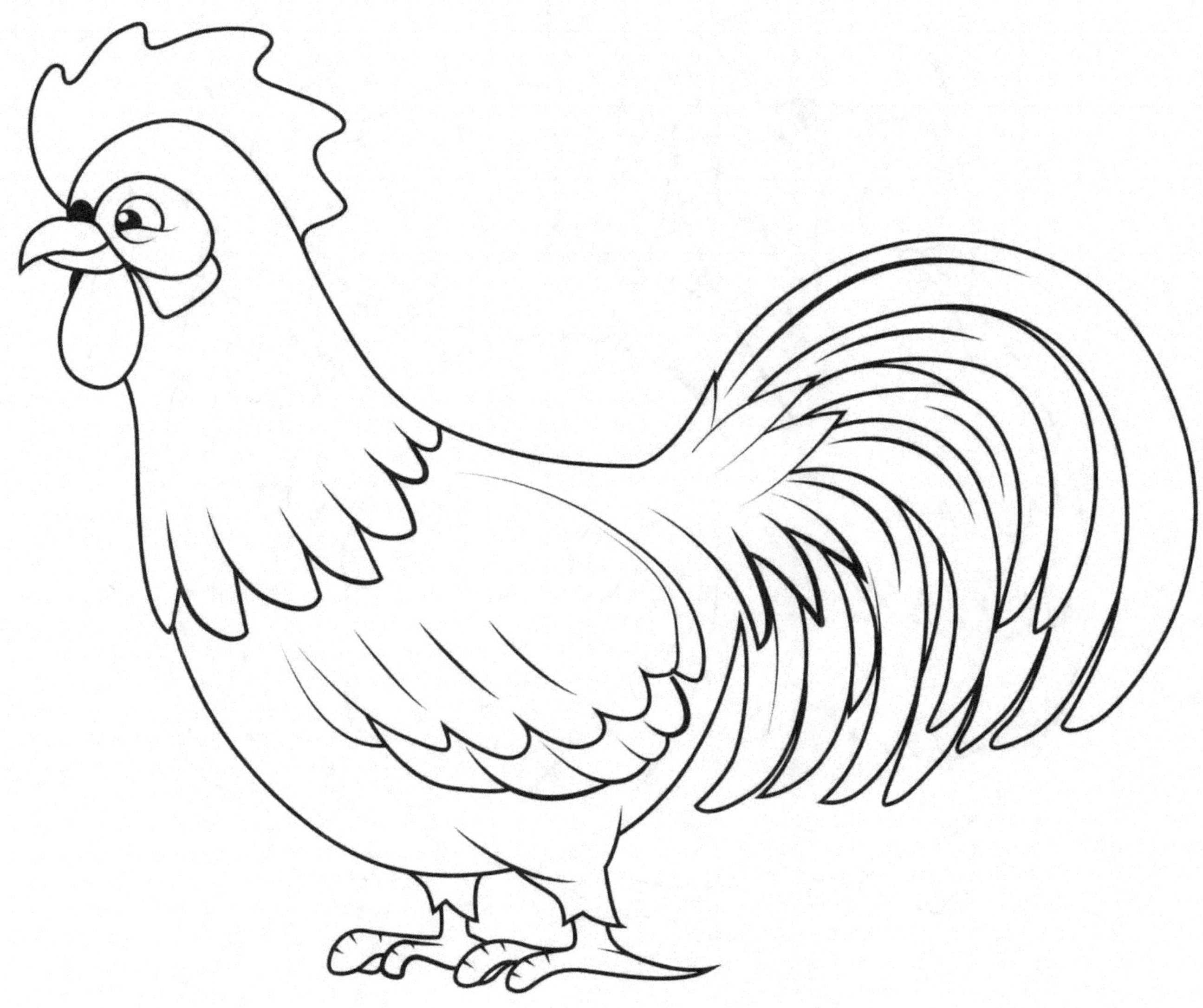

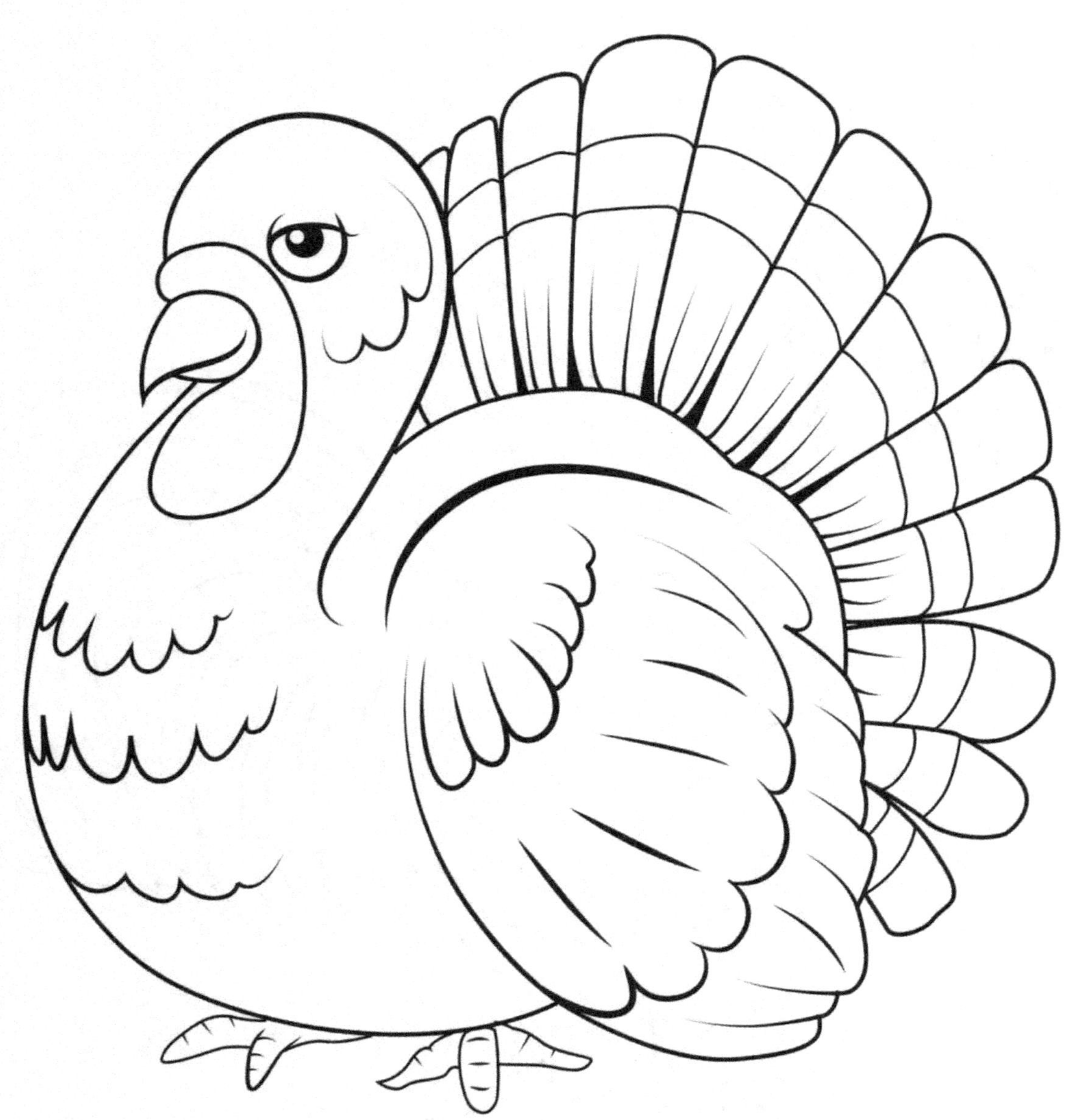

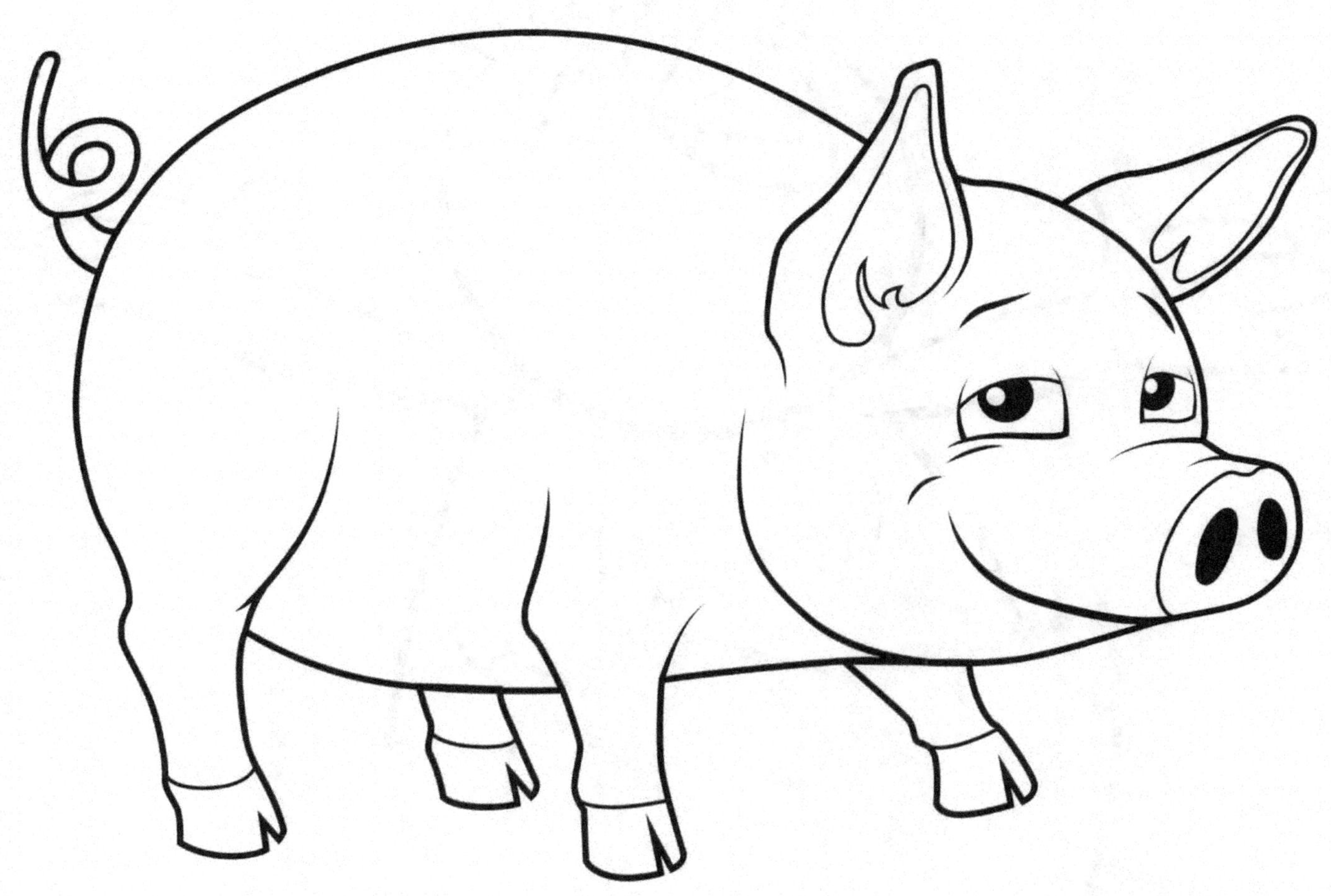

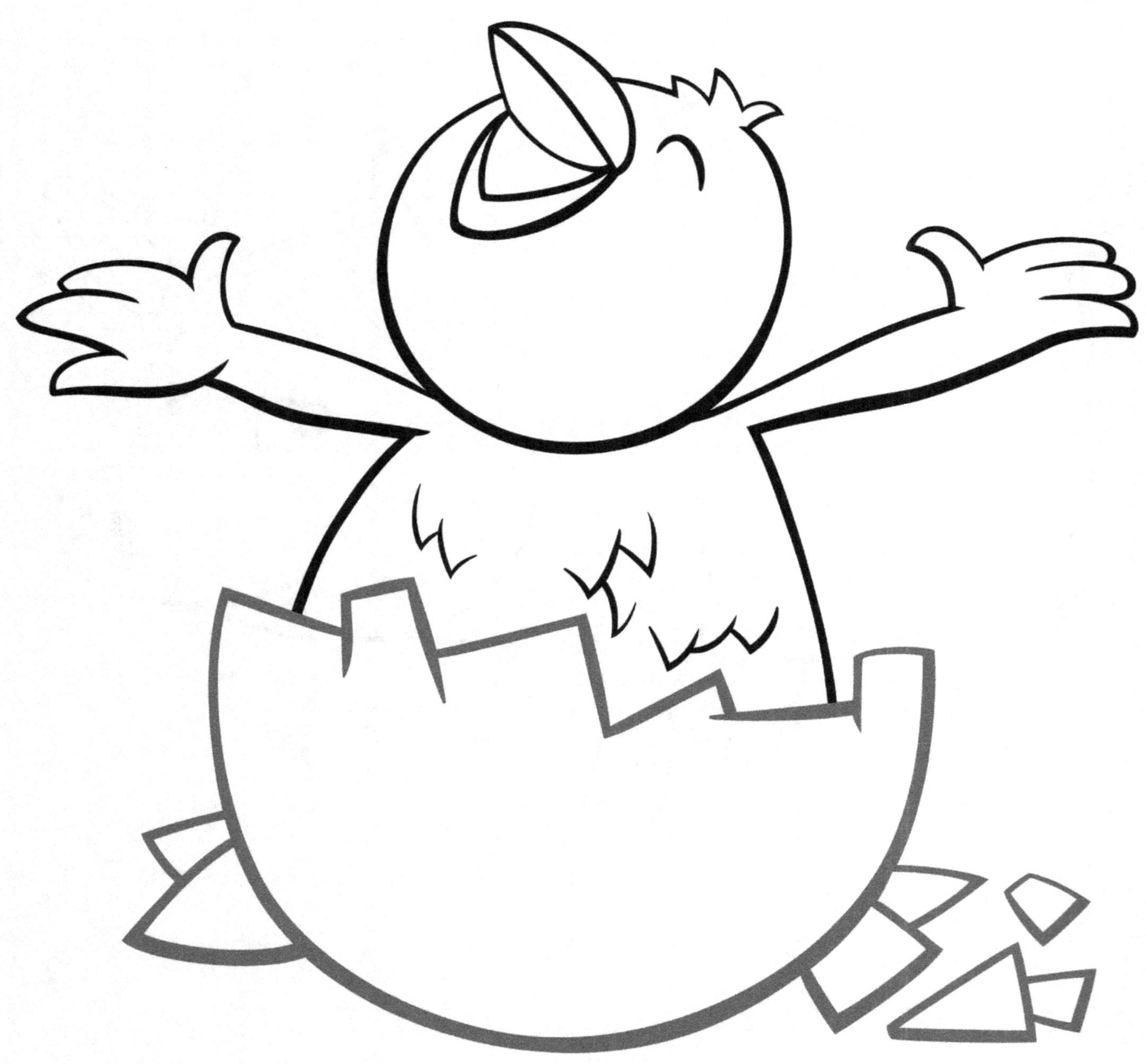